JN289943

Ohmiya Isao

大宮勇雄

保育の質を高める

21世紀の保育観・保育条件・専門性

ひとなる書房

はじめに

ある幼稚園、運動会が近づいているからであろうか、五歳児が園庭でリレーをやっていた。すると一人の男児が、顔を真っ赤にして、赤白帽子をたたきつけるように捨てて、「もうやめた」とクラスに戻っていく。その子は足が速いが、彼のチームは何度やっても勝てなかったらしい。どんなにくやしかったことか。他の子もその迫力に気おされて、リレーは中断となった。

たかがリレーである。何ということもない、たわいのない遊びである。しかしそんなささいなことに、外聞もなく自分をさらけ出してくやしがれる時代はもう二度とこない。同じチームの仲間たちが懸命に走ったことは彼にもわかっている。だから、くやしさをどう表現していいのかわからない。自分をおさえきれないのだが、仲間に対しては自分をおさえようとしている。見ている側も切なくなる。しかしこういうことを繰り返しながら彼は、他者の気持ちと向き合い、自分の気持ちに気づいていくにちがいない。

こんなとき、保育者っていい仕事だなぁと思う。子どもの息づかいや感情の揺れ動きがビンビンと感じ取れる近さで子どもと関わるとき、子どもも幸せだが、保育者も「子どもと生きる幸せ」を感じているのだろうと思う。

しかし、今、保育の現場からそういう「至福の時間」が急速に奪われていっているのではないか。病院がＩＳＯを取得するために保育業務のマニュアル化が徹底され、けがや小さな事故がある度に「事故報告書」を書くべきかどうか、そんなことに精力を注ぎ込むようになったという院内保育所で働く保育者。本社からスーパーバイザーが毎月やってくるようになって、保育者自身が事故やトラブルを避けようとして、子どもの行動や遊びを管理・制約するようになって、保育がつまらないものになってきたというベテラン保育者の話。民間の認可保育所の中では、能力給制度と職員評価制度をセットで導入する方向を打ち出すところが出てきていて、もの言えぬ職場になるのではないかと不安が広がっていると聞いた。また、公立保育所でもその将来に希望が見出せない中、情熱を失いかけている保育者とのギャップに悩んでいる保育者。

何が、保育者から保育の喜びを奪い、子どもたちの育つ豊かな生活を奪っているのか。それが、「構造改革」「規制改革」をとなえる経済効率優先の政治であり、そこから繰り出される保育政策であることは多くの人が知っている。しかし閉塞的な政治状況の中で、どのようにして保育の明るい未来を展望していったらいいのかとみんなが悩んでいる。

たしかに政治状況をただちに変えることはできない。しかし、保育観なら変えることができる。保育はどのようなものでなくてはならないかという私たち自身の保育観を、政策と対峙しながら鍛えつくりあげ、それを社会の世論にすることができる。どのような立場に立つにせよ、保育観に関する社会の合意水準が上がれば、政治家の考えも変わらざるをえない。

ささやかな本書に収めた論考の多くが、折々の保育政策の憂うべき展開に突き動かされて書いたものである。が、振り返ってみれば、危機の中で私たちの保育観・保育思想を鍛えなおすことで新しい時代の保育観を作ろうとする、そういう一本の筋を見出すことはできるかもしれないと思う。

かんたんに全体構成にふれておきたい。

第1章「いま、保育観が問われる時代」は、保育観をめぐる最近の世界的な動向を、日本の保育制度改革を視野に入れながらまとめたものである。保育にかかる国・地方の財源カットの中から生まれた「総合施設＝認定こども園」の創設という問題状況に突き動かされて、世界的な幼保一元化の流れを作り出した保育観を、保育実践に即して考えてみた。

第2章「市場原理と保育の質」では、近年発表された政府関連の調査報告書を素材にして、〝保育制度の市場化〟推進の立場からの「保育の質」論に対して批判的検討を加えたものである。たとえ経済効率を真っ先に考慮するにしても、保育政策を論じるからにはリアルで責任ある保育観を提示する必要があるが、重大な「ゆがみ」がそこに存在している。

第3章「第三者評価・マニュアル化と保育の質」では、いわば〝保育実践の市場化〟ともいうべき第三者評価制度とサービスの標準化（＝マニュアル化）を取り上げ、それぞれが抱える問題点が具体的に検討されている。これら二つの手法は、市場原理の頼みの綱ではあるが、保育者の専門性の確立と向上を脇においたままの質の確保は難しいといわざるをえない。

第4章「保育の質研究が明らかにしたこと」においては、保育を構成している人と人との関係の質という切り口から、欧米の保育の質研究の到達点を実践に添った形で整理しようとしたものである。保育の質を「一人ひとりの人間の正当な権利と要求の実現」のプロセスとして（目的的に）定義するとき、質は、「人と人との生きた関係の発展」のプロセスとして分析されなくてはならない。そうした「関係」論的な視点から、質を高めるために保育者・園・条件のそれぞれについていかなる具体的な手立てが必要かを明らかにしようとしたものである。

全体としてみれば小著は、市場原理への転換期という時代状況の中で、自らの保育観の問い直しが迫られ、その回答探しのおぼつかない足跡とでもいうほかないものである。しかし、そういう一人ひとりの自問自答をつなぎ合わせることによって、かならずやこの社会の保育観がさらに豊かに発展するものだと信じている。そうした豊かな社会的対話の何らかの素材になることができればと願うばかりである。

二〇〇六年七月

著者

もくじ◉**保育の質を高める**　21世紀の保育観・保育条件・専門性

第1章

今、保育観が問われる時代

二つの保育観と、世界と日本の保育改革

①「今、ここにある生活」のなかで育つ子どもたち
～OECD報告「人生の始まりこそ力強く」を手がかりに

1 保育の無料化が世界の流れ

力強く人生を歩み始めよう！

OECD（先進工業国でつくる経済協力機構、二九ヵ国加盟）から二〇〇一年に発刊された保育制度に関する調査報告書のタイトルである。そこには、先進諸国一二ヵ国（オーストラリア、ベルギー、チェコ、デンマーク、フィンランド、イタリア、オランダ、ノルウェー、ポルトガル、スウェーデン、イギリス、アメリカ合衆国）の近年の幼児保育政策の動向が簡潔にまとめられ、とても興味深い内容になっている。(1)

たとえば、保育施設の保育料（この報告書では保育施設とは〇歳から就学前までの幼児が利用するすべての施設を含んでいる）が、少なくとも就学前一年間の保育が無料になっているのは九ヵ国、このうち、ベルギーは二歳半から、イタリアは三歳から、オーストラリア・オランダ・イギリスは

表１　各国の保育の権利規定と無償化の状況

	保育への権利の規定	保育料無料の範囲
オーストラリア	なし	４歳から５歳の保育は大半の州で無料
ベルギー	２歳半から６歳までの保育への権利	２歳半から６歳までの保育（学校日開設）は無料
チェコ	なし	有料
デンマーク	６歳児の幼稚園就園および学童保育の権利（１～５歳児の保育の権利規定はないが、87％の自治体がすべての幼児が入園できる定員が確保されている）	６歳児の幼稚園（半日制）は無料
フィンランド	・０歳から７歳までの保育への権利規定 ・幼稚園での無償保育の権利規定 ・学童保育への権利規定	６歳児の保育（平日制）は無料
イタリア	３～６歳の幼児学校（学校日または全日制）就学の権利	３～６歳の公立施設は無料
オランダ	４～６歳の幼児学校（学校日）就学の権利	４～６歳の保育は無料
ノルウェー	規定なし（４歳以上児の80％が就園〈全日制〉、全員就園に近づいている）	有料
ポルトガル	５歳からの無償の保育への権利（次年度には４歳に拡張の予定）	５～６歳の保育（週５日、一日５時間）は無料
スウェーデン	・働く両親の子ども（１～12歳）に保育（全日制）を提供する義務 ・バイリンガルの子どもが無償で保育を受ける権利 ・６～７歳の子どもの無料で保育を受ける権利	バイリンガルの子どもおよび６歳の保育は無料（段階的に５歳、４歳へ拡張の予定）
イギリス	４～５歳児の無償の保育学校への権利（段階的にすべての３歳児に拡張の予定）	４～５歳の保育（週５日、一日2.5時間以上）は無料
アメリカ合衆国	規定なし（２つの州ですべての４歳児が就園。大半の州で５～６歳児の80％が就園。いずれも半日制、無料）	（左記以外は）有料

四歳から無料になっており、こうした状況から「就学前二年間の保育の無償化はヨーロッパ諸国のスタンダード」となっていると報告している。

つまり、今、世界は、就学前の数年間は無償で幼児保育を行う「ユニバーサルアクセスの時代」に突入しているのである。幼児期が人生の最初のステップとしてきわめて重要な意義をもっており、質のよい保育は困難を抱えた子どもにこそ必要なものであり、そのためには質の向上に向けた公的な投資が欠かせないものであることを報告書は、強く訴えている（表1に、各国の保育に関する権利規定と無償化の状況に関して報告書がまとめた表を掲載した）。

2）二つの子ども観・保育観

～「未来の労働者としての子ども」か、「今、ここに生きる市民としての子ども」か

さて、この報告書でもっとも興味深いのは、その保育の目的のとらえ方には大きく分けて二つの流れがあると指摘している点である。乳幼児期がその後の発達の土台を築く時期であるという点でも、また社会それ自体の発展にとってきわめて大きな意義を持つものであるという点でも、保育の重要性の認識は各国共通に深く広く浸透してきているが、なぜ保育が重要かというとらえ方には国によって違いがあるという。

第一の考え方は、「子どもたちがグローバル経済の（激しい競争）の中で労働力としてやっていくためには、学習のための準備、就学のための準備を幼児期にしておかなくてはならない」という考え方である。これは、子どもを「未来の労働力」としてとらえる立場から、保育は「学校への準備」としてこそ重要であり、その成果は「学校での成功」に役に立つかどうかで決まると考える。

報告書によれば、このような傾向が強まるとき、「読み書きや算数など、幼児期に特定の技能や知識を教えなければならないという学校的な課題へのプレッシャーが大きくなり、ひいては幼児期に身につけるべきほかの課題が軽視されることにつながる危険がある」と的確に問題点を指摘している。

それに対して、第二の考え方は、子ども時代を未来への準備期として重要だと見るのではなく、

「それ自体が重要な意味を持つ人生の最初の段階」とする立場である。

この考え方を端的に示すものとして、ノルウェー政府文書の次のような一節を報告書は紹介している。

「人生の一つの段階としての子ども時代は、それ自体がきわめて高い価値をもつ時代であり、子どもにとっての自由な時間、独自の文化そして遊びは決定的に重要なものである。……子どもたちは、自分なりの考えや自分自身の関心に基づいて生活できる、そういう意味でありのままの子どもでいられるよう求めていることを、つねに念頭において、保育施設の管理運営を行う必要がある」。

「自分なりの考えや関心にしたがって生活できる」こと、「安心してありのままの子どもでいられる生活」、それこそ子どもたちが求めているものだというこの指摘に、多くの保育関係者は強く共感するのではないか。私たちが繰り返し立ち戻るべき保育の原点がここに見事に凝縮されているといってよいであろう。

3）「子どもにとって意味のある生活」と「将来に向けての準備」の統一

ＯＥＣＤの報告書は、第一の考え方を批判し第二の考え方を支持している。しかし、この二つの考え方を単純に対立させて、いずれを選ぶかと迫っているのではない。というのも、私たちの中には、二つの子ども観・保育観がいつも同居しているからである。〝今の生活〟か〝未来の準備〟か、

〝一人の市民〟としてみるか〝将来の労働力〟としてみるか、〝ありのままの生活〟か〝学習のための基礎的能力〟か、と「究極の選択」を迫られれば前者を選びたいものだが、しかし未来に向けての準備や教育を頭から否定するのは非現実的である。

そういう二者択一の問題としてではなく、「今、ここに生きる市民としての子ども」が「自分なりの考えや関心にしたがって生活できる」ことをまず大事にする、そしてそのことがもっともよく「未来を準備する」ことにつながると見る。そういう順序で両者を統一する必要があると、この報告書は強調している。

二つの子ども観・保育観は、たとえば報告書が引用しているオーストラリアのある州のカリキュラム作成指針の次のような一節の中で、見事に統合されている。

「子どもたちは、この社会のなかで、今をともに生きるひとりの市民です。子どもたちの生活と学習と発達に対する投資は、未来の見返りを当て込んでのものではありません。今、ここに生きている子どもたちそのものが大事だと考えてのものです。あるひとりの子どもが保育サービスで経験することは、その子の人生そのものなのであり、それは同時に未来の人生に向けての準備でもあるのです。」

「今、ここにある生活を生きている」子どもたち一人ひとりに「意味のある生活」を保障すること、そのことがその子の未来の人生を豊かにすることにつながる。そういう形で二つの子ども観・保育観を統合すべきであると指摘しているのである。報告書は続けて、だからこそ「教育」と「福祉」、「生活」と「学習」、「今」と「未来」とを分けることはできないのであり、幼児教育と児童福祉という二つのことばで別々に語られてきたことを一つの言葉、すなわち「保育（earlychildhood education and care)」で語る必要があると述べている。

このように、国際的に幼保一元化は、子どもの生活と教育を切り離してはならないという統一的保育観を理念として発展してきたのである。

② わが国の保育政策と「二つの保育観」問題

1）幼児教育「強化」政策とその保育観

さて、なぜ、ＯＥＣＤ報告書が、「準備としての教育」か、「今ここにある子どもの生活」を大事にするかという二つの保育観の選択を問題にするのだろうか。いずれに軸足を置くかとか、統一的に把握するかというのは抽象的な問題のように思われるかもしれない。しかし、じつはそこにこそ今日の各国の保育政策の行方を左右するもっとも重要な論点があるとこの報告書は指摘しているのである。それは、わが国の保育政策にもそのままあてはまる。二つの保育観という問題がどのような形でわが国の保育政策の中に姿を現しているのかを見ておきたい。

現在のわが国の保育政策をめぐる特徴的な動きとして注目すべきは、「幼児教育の充実強化」を国家レベルの重要施策として押し上げようとする動きである。

二〇〇五年の参院選にあたって、自由民主党は「幼児教育を国家戦略として展開」との見出しで、

「すべての子どもが力強く生きる力を幼児期から育成するために……保育園・幼稚園の幼児教育機能の充実を図るとともに、幼児教育の無償化を目指す。子どもの人間力向上のための児童福祉政策、教育政策、労働政策の間の連携をいっそう進める（傍点筆者）」との公約を掲げた。

その後、二〇〇六年一月一日付け読売新聞は、「幼稚園から義務教育」という見出しで「政府・与党は、九年間と定められている義務教育に幼稚園などの幼児教育を加え、期間を一〇〜一一年間程度に延長する方針を固めた」と報じた。記事は、幼児教育の義務化を打ち出した背景には、「児童・生徒の学力低下を食い止めることが急務になっているのに加え、不登校・いじめ・非行などさまざまな問題が広がっていることがある」とし、「幼児教育を義務教育に取り込んで、幼稚園・保育所から中学校へと続く教育課程（カリキュラム）などに一貫性をもたせれば、教育効果も高まり、不登校などのきっかけを減らすことができる」というねらいがあると指摘している。そして、「諸外国でも義務教育期間を延ばす方向だ。日本も真剣に検討するべき時期にある」との与党内の意見を紹介し、「英国では五歳から一一年間を義務教育とし、二〇〇〇年から五歳未満を対象に無償の保育学校を拡充」していることを代表例としている。

さらに同年四月には、自由民主党・文教制度調査会・幼児教育小委員会が『幼児教育の無償化等について』との報告をまとめた。その中では、政策提言の第一に、「すべての子どもが力強く生きる力を幼児期から育成するため、幼稚園、保育所を通じた施設横断的な幼児教育機能等の充実（傍点筆者）」を挙げている。幼児教育をただちに義務教育に組み込むという政策主張は後景に退いた観があるが、「幼稚園教育要領の見直しとその趣旨の徹底、教員の資質向上」「保育所保育指針の位置づけを含め、幼稚園教育要領との整合性を引き続き確保することなどを通じた保育所における幼児教育機能の強化」などが盛り込まれている。

このような政府・与党周辺から出されている幼児教育「強化」策と歩調を合わせるかのように、二〇〇五年一月に発表された中央教育審議会答申「子どもを取り巻く環境の変化を踏まえた今後の幼児教育のあり方」は、「幼児の生活の連続性及び発達や学びの連続性を踏まえた幼児教育の充実」を挙げた。「家庭・地域社会・幼稚園等施設におけるそれぞれの教育機能が連携することにより、幼児の日々の生活の連続性及び発達や学びの連続性を確保するとともに、その成果を円滑に小学校に引き継ぐために、幼児教育の充実を図る」必要があるとしたのである（傍点筆者）。

これまでの幼稚園教育要領が、幼児期の固有性と遊びの重要性を強調してきたことを考慮すると、今回の答申が「学び」の重要性や「発達の連続性」を強調している点はこれまでに見られなかった強調点の移動と見てとれる。学力向上、問題行動の抑制の視点から、また小学校・中学校との接続・一貫性を強化する視点から、幼児教育の充実に対して政府がこれまでに見られなかったような真剣さで取り組み始めたことがうかがえる。そしてその保育観は、ＯＥＣＤが批判的に紹介していた「未来の労働力としての子ども」観、「就学に向けての準備としての教育」観に軸足を移しつつあることは明らかである。

2）「大人による教育」と「子ども自身の生活」の分離
～一元化されなかった認定こども園の「保育観」

わが国の保育政策をめぐるもう一つの注目すべき動向は、認定こども園の創設である。この認定こども園については、詳しい論証は別の機会に行いたいが、結論だけいえば、市場原理に基づく保育制度再編のための新たな制度枠組みとして登場してきたものである。幼稚園機能と保育所機能を併せ持っている（具体的には長時間保育児と短時間保育児が同じ保育室で同じ保育者によって保育されるのを常態としている）ことに注目すれば、「市場原理バージョンの幼保一元化」施設としての性格を持ったものである。

これまで長時間保育児は「保育所保育」を、短時間保育児は「幼稚園教育」を受けるという形で幼稚園と保育所の分担の一線がひかれてきた。それに対して、この認定こども園では同じ部屋で同じ保育者から同一の保育ないしは教育を受けることになるわけである。これを政府は、「幼保一元化に向けての第一歩」と意義づけている。たしかに、長時間保育児と短時間保育児とが一緒に保育を受けるのを常態とする施設はわが国にはこれまでなかったものである。しかし問題は、これまでの「保育所保育」と「幼稚園教育」とがどのように総合され、統一されるかにある。

認定こども園創設のための法律（「就学前の子どもに関する教育、保育等の総合的な提供の推進に関する法律」）は、その第三条で両者の関係を次のように説明している。そのうち、「幼稚園型」

の場合は、「幼稚園教育要領にしたがって編成された教育課程に基づく教育」を行うほか、「その時間の終了後」「保育に欠ける幼児に対する保育を行う」こととされている。他方、「保育所型」の場合は、「保育に欠ける子どもに対する保育」を行うほか、「それ以外の幼児を保育し」、かつ「学校教育法第七八条各号に掲げる目標が達成されるよう保育を行うこと」とされている（なお、認定こども園には、どのような既存施設からの転用となるかによって、①認可幼稚園と認可保育所が連携した「幼・保連携型」、②認可幼稚園が長時間保育という保育所機能を付加した「幼稚園型」、③認可保育所が短時間保育という幼稚園機能を付加した「保育所型」、④幼稚園としても保育所としても認可されていない施設を地方が独自に認定する「地方裁量型」の四タイプがあるとされている）。

施設のタイプによって、「教育の終了」後に「保育」が始まるとか、「保育」だけではなく「教育」目標の達成が必要だという異なる説明になっているのは、いかにも付け焼き刃の「総合化」の馬脚を現したものという他ないが、ここで重大なことは保育と教育が「分離され対置された」ままであるということである。しかも、「保育」だけでは足りない、「教育」がなくてはならぬといういい方のうちに、「教育」を一段高いところに位置づけているのがその特質である。なぜ、教育と保育が分離され、前者が強調されるのだろうか。

それは、認定こども園の認定基準を見るとよく分かる。

認定こども園は、「既存施設からの転換を容易にするため」という理由で、幼稚園や保育所の緩やかなほうの基準に合わせることとされている。国が定めた認定基準のガイドラインを見てみると、

現行の幼稚園・保育所よりも基準が低くなっている。具体的な事項を挙げると、

①食事に関する調理室や専任の調理員の配置（現行の保育所では必置）を一定の条件付きで置かなくて構わないとしていること、

②午前中は学級単位で教育しなければならないとしながら午後の時間の保育の子ども集団のつくり方についてはなんら規定がないこと、

③職員配置の基準については三歳以上の短時間児は三五対一、長時間保育児については四・五歳三〇対一、三歳二〇対一、一・二歳六対一など形式的には幼稚園・保育所の基準を踏襲しているように見えるが、実質的には保育者の配置の切り下げになっている（というのは、配置すべき保育者の総数を、上記の比率を使って年齢・時間別の子ども数で割り算して小数第一位まで算出し、その合算で保育者数を割り出すというやり方を推奨している。これによると子どもの人数次第では、実際の保育者の受け持ち人数はこの比率を越える場合が十分予想される。また、幼稚園設置基準では学級には専任の教諭を配置しなければならないとされているが、その規定もない）。

想像してほしい。調理室のない認定こども園の子どもたちはどんな昼食を食べるのだろうか。短時間保育児はお弁当持参で、長時間保育児だけが外部から配達される昼食になるのだろうか。「食育」の重要性が叫ばれ、幼稚園でもシェフを雇って昼食を出す園があるというのに、移行期の一時的措置というならやむをえない場合もあるだろうが、保育所の最低基準そのものの見直しにつながるような調理室設置の規制緩和は子どもたちの要求に逆行している。

午後の時間も子どもたちの生活の単位をどうするか、定めがない。保育所ではクラスごとの保育室があり保育士がいたが、午前中とは違う子ども集団で担当者も専任である必要がない。午後の生活は「教育」でないから、「食事」は直接の教育でないからかまわないというのだろうか。

「幼保一元化の試み」であるはずなのに、このようなおざなりの基準になっているのは、要するに、子どもたちの遊び・食事・友だちや大人との人間関係など、子どもの生活そのものにかかわる部分が規制緩和の対象になっているためなのである。「教育」より一段低く位置づけられている「保育」とは「子どもたちの生活」なのである。

ここまで見てくると、わが国の政府は、「準備としての教育強化」という保育観に強く肩入れする一方、「今、ここにある子どもの生活こそ大事」と考える保育観には背をむけていることがわかるであろう。

ＯＥＣＤ報告書は、子どもの「今、ここにある生活」を大事にすることが未来につながるとする保育観に立っていた。それに対して、わが国の政府は、「子どもの生活」についてはおざなりな扱いをしながら「午前中の教育」は大事にし強化するそぶりを見せている。結局、子どもの生活と教育を統一的にとらえることができないまま、建物や字句上のつじつまあわせのレベルで「幼保一元化」を口にしているにすぎない。子どもの生活と教育とを統一的にとらえることができないから、子どもたちの生活のもっとも大事な部分の規制緩和が容認されてしまう。

政府に期待することができないなら、私たち自身が、「ユニバーサルアクセスの時代」にふさわしい保育観、いい換えれば生活と教育とが統一された保育をすべての子どもたちに提供すべきであるという認識にたった保育観をつくり上げる必要がある。そのためには、子どもの生活を大事にすることを中心にすえることが、どのようにして子どもの将来に向けた準備や教育につながるのかを明らかにしていく必要がある。幼稚園・保育所・認定こども園という制度の垣根を越えて、保育関係者が共通の保育観をしっかりとつくり上げることが、低劣な日本の保育条件の改善につながるはずである。

３ 「今、ここにある生活」を大事にする保育とは

～レッジョエミリア実践の子ども観

わが国政府は、グローバルな経済競争の激化を背景とし、「未来の労働力」の質の確保を目的とした「準備教育としての幼児教育強化」に向かおうとしている。そしてそれとは裏腹に子ども自身の生活への配慮を著しく欠いた新たな認定こども園制度を発足させた。しかし、同じく国際競争にさらされながら、一方にはイギリス・米国に代表される（そして日本もその隊列に加わろうとしている）「準備教育」としての保育観に寄りかかる国もあるが、他方でもっと大きな潮流、すなわち「一人の市民としての子ども」に「今ここにある生活を豊かに」保障することを保育の基本理念に据えて保育政策を推進している国々があるとＯＥＣＤ報告書は指摘している。「今、ここにある生活」を大切にする保育とは、いったいどのようなものだろうか。また「今、ここにある生活」を通じてどのようにして子どもたちの学習や発達が保障されるのであろうか。報告書が注目しているいくつかの幼児教育実践を素材にして、新しい保育観、すなわち幼保一元化を真に可能にする保育観とはどのようなものかを明らかにしてきたい。

1）「有能な学び手」としての子どもの発見

最初に取り上げるのはイタリア・レッジョエミリア市の幼児教育実践である。世界的にもっともすぐれた幼児教育実践の一つとして紹介され、先ほどの中教審答申にも影響を与えている（たとえば「協同的な学び」を五歳児に、という提言にその一端がうかがえる）この幼児教育実践は、「子どもの生活を大切にする」保育観の、もっとも重要な現代的起源の一つであることは疑いないところである。この保育実践の子ども観に注目しながら、なぜ「今、ここにある生活」を大事にする保育観が確立・定着してきたのかを明らかにしたい。

レッジョエミリアの幼児教育実践のもっとも大きな特質は、その保育者たちの子ども観にあるといわれる。そしてその子ども観をもっともよくあらわしているのが、ここに掲げた六枚一組の写真である。この写真は、レッジョエミリアを紹介するどの書物にも引用され、訪問者にも誇らしげに提示されるものだといわれる。当市の保育者たちが到達した「有能な学び手」としての「子どもの発見」がどのようなものであったのか、まずはこの写真から読み取れることを素材にして私なりの説明を加えたい(2)。

生後一〇ヵ月の男児がいすに座って、雑誌を机上に広げ、カタログのページを繰っている（写真①）。時計の写真が並んだページにくると、男児は身を乗り出すようにして見入り（写真②）、時計

写真①

写真②

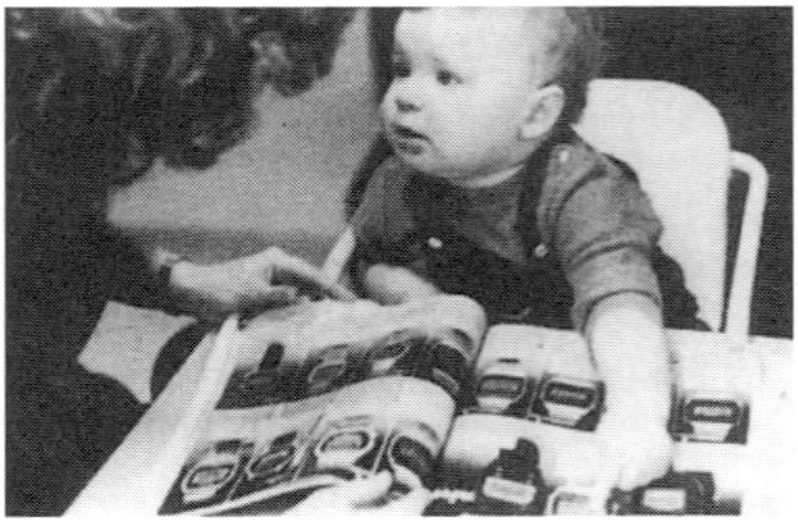
写真③

写真④

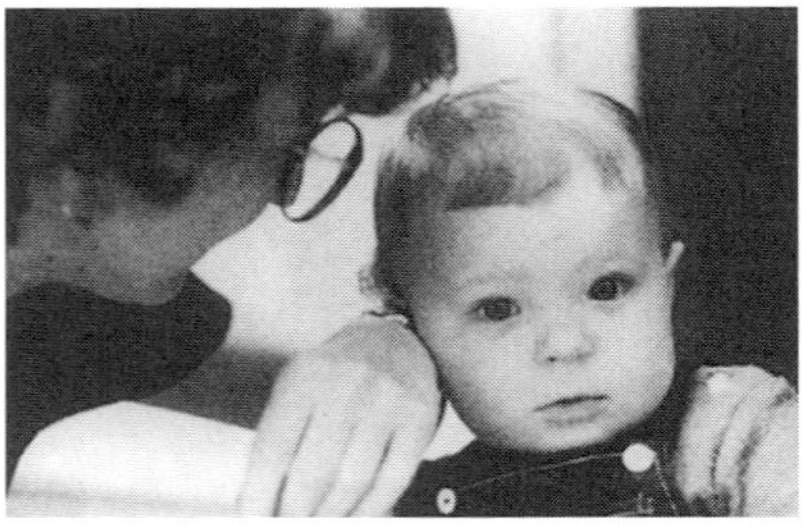
写真⑤

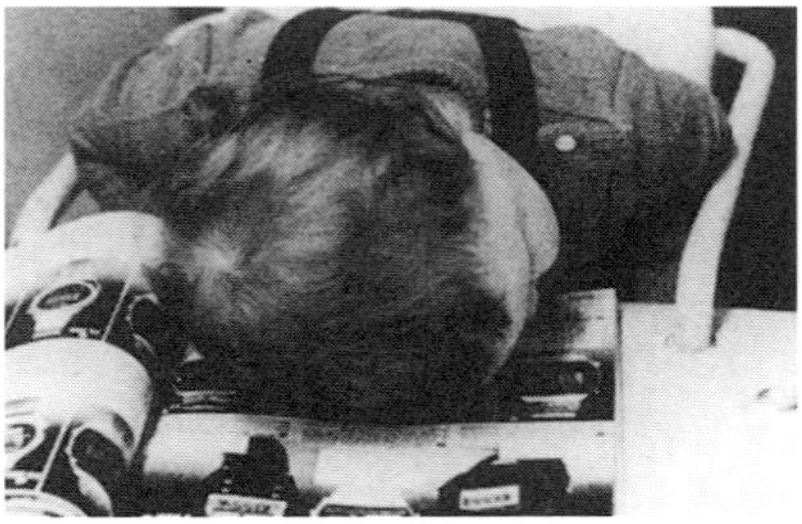
写真⑥

『子どもたちの100の言葉――レッジョ・エミリアの幼児教育』 C.エドワーズ／L.ガンディーニ／G.フォアマン編　佐藤学・森眞理・塚田美紀訳　世織書房2001年より転載

を「指さし」して隣に座っている保育者に何か教えようとしているように見える（写真③）。おそらく、「チックタック」とかいいながら、〝トケイダヨ、ホラ、ミテ〟と、保育者も自分と同じ時計に注目してほしいと訴えているにちがいない。

そうしたようすを見て、保育者は「そう、あなたは時計に興味をもっているの。じゃ、本物の時計を見せてやったらもっと喜ぶかもしれない」と思ったのではないだろうか。子どもの興味をさらに刺激しようとして腕時計を見せてやった。すると、男児は、その得意げな表情から察するに、〝ボク、シッテル、コレモトケイダヨネ〟といわんばかりに腕時計を指さしている（写真④）。

さてここからが、子どもの「有能さ」の証である。

保育者は腕時計を男児の耳に当てて、その音を聞かせてやった。するとどうだろう、男児の目は驚きで大きく見開かれている。心の中で「トケイッテ、オトガスルモノダッタノカ！」と叫んでいるに違いない（写真⑤）。次の瞬間、男児は、雑誌の中の時計にぴたっと耳をつけている。〝オナジトケイナラ、コチラノトケイモオトガスルニチガイナイ〟とばかり、時計は音がするという新しい発見をただちに自分で確かめようとしているのである（写真⑥）。

2）保育とは「子どもにとって意味のある生活」をつくること

さて、これらの写真から読み取れるメッセージは何か。

第一のメッセージは、「子どもは、学ぶ意欲と学ぶ力をもった有能な学び手である」ということである。

時計をその視覚的な特徴（針の動きや文字盤のデザイン）でとらえていたこの男児は、音を聞いて、時計を「視覚的形」と「音」の二つの要素からなるものだと気づいた。しかも、その仮説が間違いないのか自分で確かめようとしている。こうした子どもの姿を保育者たちは、「時計に関する自己の理論を発展させている男児の姿」と呼んでいる。

つまり、子どもは、まだ言葉も発しないときからすでに、自ら「発見し、考え、仮説をたて、確かめる」という学びの基本的な方法を身に付けているのである。子どもというものは、乳児の段階にあってさえそのもてるすべての力を使って周囲の世界を理解しようとする「有能な学び手」である。そうした子どもたちの学ぶ意欲と力を、私たち大人は見逃していたのかもしれない、よくよく目をこらし耳を澄ませて子どもたちの本当の言葉を聞き取らなければならない。そうした子どもに対する保育者の姿勢が、レッジョエミリアの有名な合い言葉「子どもたちは百の言葉を持っている（にもかかわらず大人はたった一つの音声の言葉しか聞いていない）」に示されている。

第二のメッセージ、すなわち「子どもは生活の中でもっともよく学ぶ」というメッセージが重要である。

それは、この男児がその「学び手としての有能さ」を最大限に発揮できたのは、その対象が「大好きな時計」であったからである。他のものではこうはならなかった。つまり、子ども自身の興味関心に発する活動であり、そこにぴったりと焦点が合った保育者の働きかけであったから夢中になって「ボクの大好きな時計についての新しい理論」を打ち立てることが可能であった。

見方を変えれば、大人が子どもの興味関心にかかわりなく「時計の新理論」を教えたり探究させたりすることはきわめて困難だということである。近年の子ども研究は、たとえば言葉の発達を促がすためには、子ども自身が関心のある話題をめぐる大人との対話の機会が大きな意義をもっていること、なぜなら、そうした場面のほうが、言葉の発達を促がそうとして大人側から質問するときよりもはるかに複雑な会話をしているからであることを明らかにした。子どもが自身の生活から生まれた興味関心にマッチした活動抜きに、「有能な学び手」としての子どもの力を引出すことはできないのである。

「子ども自身の生活」を大事にする保育観が広く支持され、「生活」と「教育」の分離が批判的に乗り越えられてきたのは、こうした事実からなのである。

しかし第三に、子どもは一人で育つのではない。人とのかかわり、モノとのかかわりの中で育つこと、それゆえそのかかわりの豊かさがきわめて重要であることを一連の写真は明確に示している。保育者と子どもとの豊かな共感的な交流があったからこそ、男児の時計の発見を導いたことがわかる。男児が大好きなセンセイに、自分が大好きな時計のことを教えようとして指さしし、保育者は時計がこの男児にとっては特別な意味を持つ魅力的なものであることを感じ取った。だからホンモノの時計を見せてやりたくなった。保育者と子どもとの共感的なかかわりが学びの契機をつくり出したといってよいだろう。

それゆえ、一連の写真でもっとも重要な保育者の行動は、一枚目の写真の中にある。広告誌をめくっている子どもの傍に寄り添うように保育者が座っていなければ、その後の保育者と子どもとの楽しい交流は生まれなかったからである。「よけいないたずら」として見過ごしてしまいそうなページめくりに、腰を下ろしてゆっくりとかかわっている保育者がいたことで結果的に子どもにとっての「時計の世界」が大きく広がったのである。

レッジョエミリアの保育実践においてもっとも重要なことは、子どもが何か関心を持って活動に打ち込んでいるとき、その子に近づいていってその活動がその子にとってどのような「意味」を持っているのかを知ろうとすることである。「子どもの関心に関心を寄せる」ことが保育者にとって何よりも求められることである。

このようにして保育観が形づくられる。つまり、子どもは、自らの興味や関心に基づいて活動しているとき、もっともよく「学ぶ」ものであり、保育とは、「子どもにとって意味のある生活」をともにつくり出すことととらえられる。子どもの活動の底にあるステキな興味関心を発見・理解しようとして子どもにかかわることが、保育者のもっとも重要な仕事になる。

「有能な学び手」としての子どもの発見はこうして、「子どもの生活を大事にする保育」を必然的に生み出していったのである。

4 「子どもの生活を大切にする」カリキュラムの構造
～ニュージーランドカリキュラム「テ・ファリキ」にみる生活と教育

1）「テ・ファリキ」とは

子ども観の変革は、子ども自身の生活の「質」あるいはその子にとっての「意味」への注意関心を呼び起こす。だから私たちはもう一歩進まなくてはならない。子どもにとって「意味のある生活」をどのようにしてつくるかを具体的に明らかにしていかなくてはならない。

子どもたちの生活をどのようにして「意味のあるもの」にするかという問題意識からつくられたカリキュラムの代表例として、ここではニュージーランド教育省発行の幼児カリキュラム「テ・ファリキ Te Whariki」を素材として取り上げ検討を加えたい(3)。

なぜこの「テ・ファリキ」というカリキュラムを取り上げるのか、作成経過の特徴にもふれながらその理由を述べておきたい。

第一に、このカリキュラムが実践者・専門家の意見を集めてつくられたものだからである。

幼児期の教育に対する「準備教育としての成果」を上げることへのプレッシャーは、わが国に限ったことではない。たとえばイギリスでは就学までに身につけるべき「学習目標＝保育の目標」を事細かに現場に指示する形でのカリキュラム策定が推し進められた。それに対して、同じ圧力にさらされながら、当初から保育実践や研究者の広範な協力にもとづいて作業が進められ策定されたのが「テ・ファリキ」である。

ニュージーランドには多様な保育施設があるが、一九八〇年代後半から政府は幼児教育の質やカリキュラムに対して積極的な関心を示すようになった。そして一九九〇年代に入ると、新しい幼児教育カリキュラムのガイドラインの制定のための委員会が政府内に設けられた。委員会設置から五年間にも及ぶ関係者間の議論――実践家、研究者、研究機関、先住民マオリ族の代表、親、相談機関、政府機関、教員組合等との協議――を経て、一九九六年に公刊されることになった。小学校段階のカリキュラムとの関連を明確にせよ、という政府からの要請のもとで始められたカリキュラム策定という点はイギリスと変わらなかったが、その作業は徹底して保育の実践者・専門家の意見をもとにして進められたのである。

第二に、その愛称である「テ・ファリキ」という言葉にもあらわれているのだが、「今ここにある生活」を大事にするという保育観に立つものだということである。〝ファリキ〟というマオリ語は基本的に「織り上げられたもの」を意味し、「マット」や「くもの巣」などをさして使われる言葉だが、そこにはいくつかの比喩的意味がこめられている。一つは、「誰もが乗れるマット」という意味である。保育の具体的な活動内容や考え方は多様であるのが望ましく、カリキュラムに示された目標をどのようにして達成するかは当然個々の施設にゆだねるべきであり、具体的な方法・内容をカリキュラムによって縛るべきではないという明確なメッセージがこめられている。

もう一つの比喩的意味合いがここではより重要である。〝ファリキ〟には、縦糸、横糸が複雑につながりあって織り上げられていくもの、「張り巡らされたクモの巣」という意味がある。子どもは、直線的に増加する知識や技能の束として成長するのではなく、さまざまな経験や意味のある生活を通じて徐々に豊かな内面をつくり上げていくものとイメージされている。「準備としての教育」観に立つ人びとはしばしば、子どもの成長を「階段」イメージになぞらえられるが、「テ・ファリキ」は、そうした大人が設定した「課題という階段」をワンステップずつ上っていくという学びのイメージからの決別を宣言している。そして、子どもの成長はその内面が錦のように複雑な模様を織りなしながら広がっていくものであり、それを支援する保育も豊かで複雑な人間的な営みであるという保育イメージを伝えようとするものなのである。

第三にこのカリキュラムは、子どもにとっての「意味のある生活」をどのようにしてつくりだすかという点に徹底的にこだわりながら、同時にその生活の中で「何を学べるか」についても積極的に明らかにしようとしているという特徴を持っている。就学準備という狭い見方ではなく、もっと広い意味での「人生のための学び」という視点から、幼児期の学びの内容がとらえられている。「小学校入学時点での子どもの成長した姿」も多様な面から具体的に描かれている。そういう点ではたんに「準備教育の圧力」に反発するのではなく、「意味のある生活」を保障することによってどのようにして豊かな「教育」が可能になるかを明らかにするものとなっている。

2）「意味のある生活」とは「子どもの願いに基づいてつくられる生活」

さて、本題に戻ろう。

「テ・ファリキ」は四部構成からなっている。パートAは総論に当たるところで、保育の「原理」「領域」「目標」が要約されて記載され、加えて「幼児施設の現状」「状況の中の学び」「乳児、乳幼児（一・二歳）、幼児（三歳以上）の特徴」「カリキュラム実施上の留意点」について述べられている。パートBはマオリ語で解説が加えられている。パートCは「幼児カリキュラムの原理・領域・目標」と題され、それぞれについて詳しく説明がされている。最後のパートDは「ニュージーランドの学校カリキュラムとテ・ファリキ」と題され、小・中学校の教育とこの「テ・ファリキ」に基づく幼児教育との具体的な関連構造について記述している。

ここではパートCを中心に、中でも「領域と目標」に絞って内容を紹介していきたい。そこに、「意味のある生活」を大切にする保育のイメージが具体的に描かれていると考えるからである。(4)

まず、「テ・ファリキ」の冒頭に、保育がめざす人間像が次のように掲げられている。

心、身体、精神が健康であり、
自分が何かの一員として所属している実感をもち、
自分が社会に対して価値ある貢献をしようとする信念をもち、
有能で自信をもった学び手として、
またコミュニケーションの担い手として子どもたちが成長していくことをめざす

こうした人間を育てるにはどのようなカリキュラムが必要だろうか。「テ・ファリキ」の答えは、〝めざすべき人間が将来そうあってほしい生活を、子どもたちにも同じように経験させる〟というものだった。

すなわち、まず上記の人間像を構成している五つの要素を取り出して、保育の具体的な目標として五つの領域、すなわち「健康」「所属感」「貢献」「コミュニケーション」「探究」という五つの領域が設けられ、それぞれに三〜四項目の目標が立てられている（表2参照）。単純化していえば、将来そうすることが期待される生活と同じような生活を、保育施設においても経験することによって、子どもたちは上記の人間像に向かって成長することができる、そういう考え方で保育目標としての「領域」が設定されている。

まず「心身共に健康な人間」を育てるためには、「健康で心地よくて安全な生活」を経験するこ

表2

領　域	目　標
健康：子どもたちの健康と心地よさが守られ育まれる	①子どもたちはその健康が促進される環境を経験する ②子どもたちは情緒的な快が育まれるような環境を経験する ③子どもたちは、危害から安全に守られた環境を経験する
所属感：子どもとその家族は何かの一員としての所属感を実感できる	①子どもとその家族は、家族やもっと広い世界とのつながりが大事にされるとともにさらに広がっていくような環境を経験する ②自分の居場所があることを知ることができる環境を経験する ③子どもとその家族は、日頃の日課、習慣、行事に関して心地よさを感じることのできる環境を経験する ④子どもとその家族は、許容可能な行動の範囲と限界を知ることができる環境を経験する
貢献：差別されることなく公平に学習の機会が用意され、一人一人の貢献が尊重される	①性、能力、年齢、民族、家族環境にかかわりなく、公平な学習機会が保障されている環境を経験する ②子どもたちは個人として尊重されている環境を経験する ③子どもたちは他の子どもたちとともに学ぶよう奨励される環境を経験する
コミュニケーション：自身の文化とそれ以外の文化が培ってきた言葉とシンボルにふれ、それらを尊重する	① 子どもたちは、さまざまな目的のために非言語的コミュニケーションスキルを発達させることのできる環境を経験する ② 子どもたちは、さまざまな目的のために言語的コミュニケーションスキルを発達させることができる環境を経験する ③ 自分の文化、あるいはそれ以外の文化の物語やシンボルにふれる環境を経験する ④子どもたちが創造したり表現したりできる多様な方法を発見し発展させることができる環境を経験する
探究：子どもは環境を能動的に探究することを通じて学んでいく	① 遊びが意味のある学習として尊重され、自発的遊びの重要性が認められる環境を経験する ②自分の身体にたいする自信とコントロールを獲得する環境を経験する ③能動的な探索、思考、理由付けのための方法を学ぶ環境を経験する ④自然界、社会的世界、身体世界、物質世界の意味を知るための学習理論を発展させる環境を経験する

とが必要だと考える。それゆえ、第一の領域は「健康と幸福 well-being」とされ、「子どもたちの健康と心地よさが守られ育まれる」環境をつくることが保育の第一の目標となる。

同様に、何かの一員としての誇りと責任を持った人間を育てるためには、「子どもとその家族が何かに所属していると実感できる」環境をつくることが何より必要だとして、「所属感 belonging」が第二の領域とされる。

第三は「貢献 contribution」の領域で、「どの子にも公平に学ぶ機会が提供され、一人ひとりの貢献が尊重されていると感じられる」環境をつくることによって、社会に対して貢献しようとする意欲を持った人間を育てることにつながる領域である。

さらに、第四は「コミュニケーション communication」の領域であるが、たんにコミュニケーション能力を高めるというのではなく、「自分自身の文化や他の文化に根ざした言語やシンボルにふれ、それが大事にされる」環境をつくることが重視され、文化的な価値を分かち合い伝え合うことができるコミュニケーションの担い手を育てなくてはならないという視点が明確に示されている。

第五が「探究心 exploration」の領域である。探究というのは硬い表現だが、要するに子どもたちの胸踊るようなワクワクドキドキのあそびや探索活動に関する領域である。そして「周囲の環境を自ら能動的に探索しながら学習する」ことによって、子どもたちが能動的で自信にあふれた学習者へと成長していくために、どのような保育が必要かが具体的に述べられている。

このように見てくると、五つの「領域」は、乳幼児期にある子どもたちが日々の生活をどのようにすごしたいと願っているか、どのような心のゆれの中で成長していくものなのかがじつに的確にとらえられていることに気づくであろう。心地よく、安心できる自分の居場所があり、自分の力を発揮する機会があって、物語・自然・文化・そこに生きる人たち等との出会いと対話を通じてこの世界の意味とそこで生きる意味を実感し、学ぶ意欲と力をつけていく。そういう生活をしたいという子どもたちの願いをしっかりと受け止め、実現しようとする保育者の熱意が「領域」にはこめられている。一方で「人間像」としてニュージーランド社会が子どもに期待するものが凝縮されて掲げられているけれども、大人からの一方的な期待がそのまま目標となるのではなく、子どもたちの心の揺れ動き・願い・成長へのエネルギー等をしっかりと受け止め、そうした心の動きの発達していく先に、人間像が展望されている。

「テ・ファリキ」においては、子どもたちの日常の生活の「意味」や「質」へのこだわりがある。「今、ここにある生活」を大切にする保育とは、保育の目標が、子どもたちが求めている「生活の質」への要求に添って立てられている保育のことである。

3）子どもたちが生活の中で学ぶもの

「テ・ファリキ」は、日常の生活の「意味や質」への子どもたちの願いが大事にされている。わが国の保育所保育指針や幼稚園教育要領においてももちろん、そうした子どもたちが求める生活の質や意味について、たとえば「情緒の安定」や「自己の発揮」、あるいは「人権」等という形で各所に言及が見られる。しかしながら、それは保育の目標としてではなく、あくまで保育の方法＝配慮すべき事項として位置づけられている。

保育所保育指針では子どもの生活に対する保育者の配慮は「養護」と概念化され、それとは別個の形で、子どもの自発的活動に対する積極的働きかけが「教育」として区別される。教育の目標は、健康と身体運動にかかわる能力・人間関係にかかわる能力・表現する能力・言葉にかかわる能力・

環境に働きかけ認識する能力、の五つに分けられた能力（の基礎）の「発達」を促すことにある。保育の目標は能力発達の視点だけからおさえられ、子ども自身にとっての生活の質や意味は、できるだけ配慮すべき問題としておさえられている。

それに対して、「テ・ファリキ」は、生活の意味や質にこだわり、それを保育の目標そのものとしてとらえる。それを踏まえて生活の中で、子どもがどれだけさまざまなことを学ぶかを具体的に明らかにしようとしている。「能力の発達」と「生活の意味」が切り離すことのできないものとして把握されているのである。

それぞれの領域の内容構成は図1のようになっているが、ここでは、第二の領域「所属感」を例にとってその統一の仕方を説明したい。他のいずれの「領域」も、まずめざすべき生活の具体的な姿が「目標」として挙げられているが、「所属感」にかかわっては図2にあるように四項目（「家族やより広い世界とのつながりが感じられる生活」「居場所がある生活」「心地よさを感じられる生活」「行動の許容範囲を知ることができる生活」）が掲げられている。

その内の一つである「子どもとその家族は、家族やもっと広い世界とのつながりが大事にされるとともにさらに広がっていくような生活」を取り上げてみよう。

子どもは、保育所・幼稚園という新しい場所での生活を始めるとき、緊張と不安を覚えながらも、おかあさんとセンセイが仲良く話しているようすを見たり、家庭と同じおもちゃで楽しく遊んだりすることを通じて、徐々に当初の緊張や不安を乗り越えていく。そういうプロセスは不安の解消の

図1　テ・ファリキにおける「領域」の内容構成

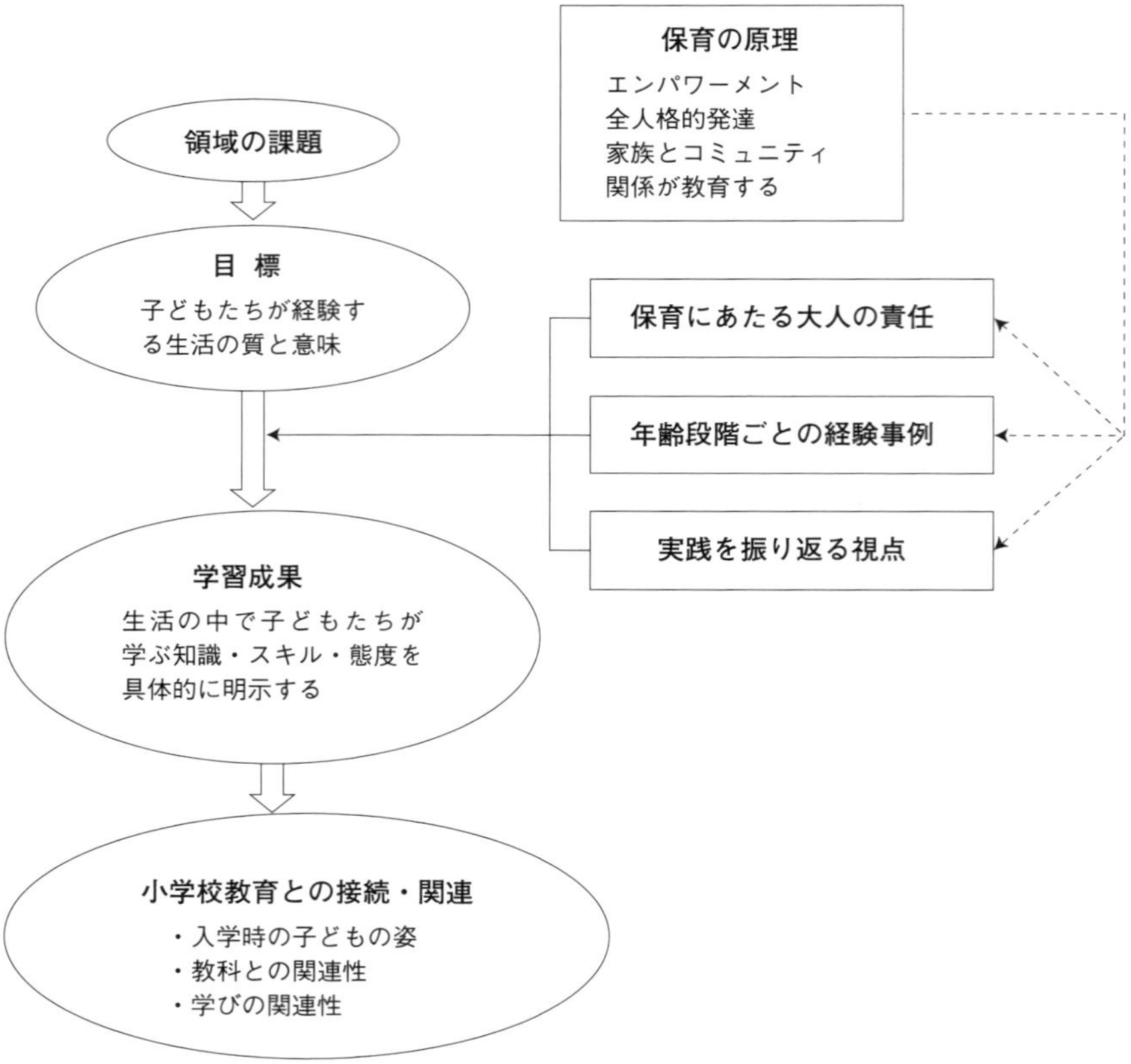

プロセスであるとともに、家庭とはまったくの別世界と感じられた保育所・幼稚園が同じような人や物から構成されている連続した場所であることを知っていく「学び」のプロセスでもあると、「テ・ファリキ」は指摘している。それが、「学習成果」の第一の項目「家庭にあるのと同じような人・イメージ・モノ・言葉・音・におい・味等を通じて、保育施設と家庭等自分にとって身近な世界との間のつながりを理解していく」ということである。

　そういう家庭との連続性を

図2　領域「所属感」の内容構成（一部抜粋）

領域：所属感（子どもとその家族は何かに所属している感覚を感じる）

目標1： 子どもとその家族は、家族やもっと広い世界とのつながりが大事にされるとともにさらに広がっていくような生活を経験する

目標2： 子どもとその家族は、自分の居場所があることを知ることができる生活を経験する

目標3： 子どもとその家族は、日頃の日課、習慣、行事に関して心地よさを感じることのできる生活を経験する

目標4： 子どもをその家族は、自分たちの行動が許容される範囲と限界を知ることができる生活を経験する

学習の成果：

○家庭にあるのと同じような人・イメージ・モノ・言葉・音・におい・味等を通じて、保育施設と家庭等自分にとって身近な世界との間のつながりを理解していく

○自分の地域において物理的・精神的な重要性を持つ山や川などの場所の特徴について知識を増やす

○自分の家庭にあるのとはちがった人・イメージ・モノ・言葉・音・におい・味などを通じて、見知らぬより広い世界を知ることに関心を広げその楽しさを理解する（以下略）

実践を振り返る視点例：

・たとえばかみつきや食事を待っていられない等のよくある問題について両親とどのような方法でコミュニケーションを図っているか

・外出や文化行事に参加する機会がどの程度用意されているか（以下略）

学習成果の達成につながる経験の事例：

乳児；乳児が家庭で慣れ親しんでいる言葉やキーワードや習慣行動が保育施設で使われる（他略）

1・2歳；家族や家庭でのできごとについて大人と会話が保育の中で自然になされている（他略）

幼児；物語や訪問者や遠足などを通じて、地域にある重要な意味を持つ場所のことを知り、保育施設の外にさらに広い世界があることを知る機会がある（他略）

幼児期の教育と学校との連続性

○家庭でのできごとを誰かと共有したいと思うようになる

○地域やより広い世界に関する知識をもち、周囲の環境に注意を向ける責任感が生まれる

○お気に入りの絵本や活動を繰り返すのを楽しみ、プロジェクト型学習活動を続けることができる（以下略）

小学校カリキュラムとの連続性

コミュニケーションスキル：子どもは自分に自信を持つようになり、家族や地域のことを自信を持って理解したり教え合ったりするようになる

数的スキル：子どもたちは、家族や友だちグループとのかかわりの中で数を使ったり、パターンや関係性をもとに周囲の世界を順序づけることを学ぶ。（以下略）

学ぶとともに、保育施設で新しいものに出会う。園内のさまざまな人やものとの出会いだけでなく、散歩や見学、地域社会での行事に参加すること等を通して、見知らぬもの・新しいものに出会い、家庭の外にあるもっと大きな世界への関心と期待をもっていく。「学習成果」の第三項目にあるように「自分の家庭にあるのとはちがった人・イメージ・モノ・言葉・音・におい・味などを通じて、見知らぬより広い世界を知ることに関心を広げその楽しさを理解する」のである。

家庭から園へ、園からもっと広い世界へと、そのつながりと同時にその違いや独自の楽しさを知っていく、そういう生活のプロセスを大切にしようというのがこの目標の趣旨である。

このような家庭から園、そしてもっと大きな世界へという視点で、もう一度前節でのレッジョエミリア市の一〇ヵ月の男児の行動を見てみよう。すると、男児が時計に興味を持った契機がおそらく、家庭で身近な大人がしていた腕時計にあったのではないかと思われてくる。そして同じ時計が保育園の雑誌にも載っていて、センセイに「オトウサンモ、ウデドケイシテルンダヨ」と教えてあげようとしたのかもしれないのである。そういうことを受け止めようとするセイセイがいることで家庭と同じような大人がいることを見いだしていく。そしておそらくいつの日か、近所のお店でホンモノの時計がずらりと並んでいる光景に心奪われるときがくるであろう。外の世界には、これまで経験することのなかった新しい「ものづくりの世界」があること、そしてお店の人から時計について教えてもらうことを通して自分がその地域社会の一員として大事にされていることを知るだろう。

このようにして「所属感の実感できる生活」そのものが子どもの豊かな学びを可能にする。

さらに、「領域」には、「実践を振り返る視点の例」と「年齢段階ごとの経験事例」が記述されている。これらがいずれも例示とされているのは、国が定めるカリキュラムがそこまで事細かに規定すべきではないという趣旨であるが、同時にそこには保育者の専門性に対する高い期待と要求が読み取れる。つまり、子どもが「何をしているか」よりも「どのような経験しているか」が重要であり、それを見分けることができるのは専門家としての保育者をおいて他にない。だから、保育者は実践を「振り返る力」をもつことが決定的に重要になる。そのための「視点の例」であり「経験事例」であると読むべきだろう。

4　小学校との接続、そして「人生との接続」

「テ・ファリキ」の最終パートは、「テ・ファリキとニュージーランド小学校カリキュラム」の関連がテーマになっている。幼児期の保育と小学校との教育上の接続関係が、子どもの能力（スキル）発達の面から、そしてまた教科学習の面から具体的に掲げられている。また領域ごとに、小学校入学時の子どもの成長した姿が「幼児期の教育と学校との連続性」という見出しで描かれている。

図2では、それらの一部だけを抜き出してあるが、テ・ファリキのめざす生活と学びが達成されれば、子どもたちは広範な能力を身につけることができるとして、「コミュニケーションスキル」

「数的スキル」「情報スキル」「問題解決スキル」「自己管理と自己主張のスキル」「社会的協同のスキル」「身体スキル」「仕事と学習スキル」の八項目に分けて記述されている。

その内容の紹介は省くが、ここには就学に向けての準備教育を強化するよう求める政府の圧力の痕跡が認められる。しかし同時に、狭い意味での小学校教育への順応をめざすものとしてではなく、より大きな子どもの全人格的な発達という視野から、いい換えるといわば「人生への接続」ともいうべき視野から小学校教育とのつながりがとらえられていることが重要である。

「今、ここにある生活」を大切にする保育観に基づくカリキュラムの一つのモデルとして、ここまで「テ・ファリキ」の概要を見てきた。今、日本の保育政策当局は、子どもの生活の質の保障をおざなりにしたまま、園での生活に対する子どもの願いや要求から切り離れたところで、「幼児教育機能の強化」を図ろうとしている。このようなときに、私たちが保・幼・小の接続の具体化・明示化を視野に入れながら、その中心に子どもの「今、ここにある生活」の尊重の精神を据えた、新しい保育観の創造と共有に向けて歩を進める必要がある。「テ・ファリキ」はそういう課題に直面している私たちにとって、有益で力強い示唆をもたらすものということができよう。

〈注〉

（1）Organization for Economic Co-operation and Development, *Starting Strong : Early Childhood*

Education and Care, 2001（OECDのホームページで入手可能）

（2）この六枚組みの写真は『子どもたちの一〇〇の言葉―レッジョエミリアの幼児教育』（C.エドワーズほか著、佐藤学ほか訳、世織書房、二〇〇一年）から転載したものである。なおこれらの写真にかかわる解説文は同書を含め翻訳されているレッジョエミリアの紹介書には掲載されていない。本文中の解説は筆者の私見に基づく読み取りであることをご了解願いたい。

（3）Ministry of Education (New Zealand), Te Whariki: Early Childhood Curriculum 1996（ニュージーランド政府教育省のホームページから入手可能）

（4）なお「テ・ファリキ」が掲げる「四つの保育原理」とは次のようなものである。

第一原理は「エンパワーメント」。「子どもたちが学び成長する力を信頼して、それを発揮することを励まし勇気づける」というものである。この言葉は「（弱い立場のものに）権限を委譲・付与する」というのが原義で、この場合は「子ども自身の力を信頼し子どもの意思を尊重する」ことを意味するが、同時にそうすることによって子どもの学びと成長が促進されるというとらえ方をしている。

第二の原理は、「全人格的発達」すなわち「子どもたちが学び成長しているすべての経路を考慮に入れて保育をする」という原理である。子どもは諸能力の束として成長するのではなく、家族・地域社会という特定の文脈の中で一個の人格＝自我を持って育つ存在として、その人格を尊重して保育することが何より重要であるとしている。

第三原理は「家庭・地域社会というより広い世界は、保育を進める上で必要不可欠なものである」

という「家族とコミュニティ」原理である。

第四には「関係」の原理が掲げられ、「子どもは、さまざまな人、場所、ものとの応答的で相互のやり取りのある関係の中で育つ」ことが強調されている。

これらの原理は、基本的に「子どもの生活を大事にする」という保育観を具体化したものと見ることができるが、同時に子どもが属する家族や地域社会の文化や価値観の多様性の尊重、その中で自我を持って生きる一人の人間としての子どもに対する尊重の精神に貫かれているものと見ることができよう。

第2章

市場原理と保育の質

質の悪化を招く、日本の保育政策

1 市場化推進論における保育の〈コストと質〉

1）公共原理から市場原理へ——保育所制度の原理転換の危機

世界の保育所制度には、二つのタイプがある。一つは公共原理に基づく制度で、ヨーロッパの多くの国々で採用されているもので、わが国の現在の保育所制度もこの原理にかなり忠実に作られている。もう一つは「市場原理」に基づく制度でアメリカ・イギリスなど欧米の一部の国々でとられているものである。

この二つの原理は、そもそもの保育の基本的な性格のとらえ方がちがっており、そのため制度設計も大きく異なっている。それぞれの制度の特質をかんたんに要約すると、次のようになる。

公共原理は、保育を「公共的な性格」をもつものととらえるところから出発する。子どもが健やかに育つことで利益を得るのは親だけでなく、未来の労働力の質の確保にかかわる点で企業も受益者であり、弱さを抱えた子どもや家庭に早期に手を差し伸べることで社会全体が得る利益の大きさは計り知れない。このような「保育の公共性」に立脚するとき、保育制度は何より、保育を必要とするすべての子どもたちが質のよい保育を平等に受けることができるシステムとならなければならない。

具体的には次の三つの点が公共原理の保育所制度の欠かせない特徴である。

第一は、保育所の設置する責任を行政が負う仕組みになっている。保育所を必要とする子どもすべてを受け入れるためには、自治体が率先して保育所を設置しなければならない。それゆえ、公共原理の国々では公立保育所が過半を占めることになる。民間保育所は特色ある保育サービスを提供するうえで必要なものであるが、事業の安定性と公益性を確保するために営利目的ではなく、教育や福祉を目的とした団体に限ることも必要になってくる（保育所の公設主義と呼びたい）。

第二に、保育所への入所に当たっては何らかの形で行政が関与することになる。これは、保育を実施する責任を自治体が率先して負うことからくることで、わが国の保育所制度では入所申し込みを行政窓口で行う形になっている（行政が関与する入所契約）。

第三は、保育料の設定を個々の施設にゆだねず、その地域内では家庭の所得を考慮に入れた均一料金が設定される。家庭の所得の多寡によって子どもが受ける保育の質に大きな格差が生じないようにするためである（保育料の応能負担原則）。

これに対して、市場原理は、保育を「私事」としてとらえるところから出発する。どのような保育を与えるかは、親が自己の負担能力と責任においてふさわしい保育サービスを選択・購入すればよいと考える。それゆえ、保育を提供する責任を国や自治体が負う必要はなく、一般の商品と同じように企業が提供する保育サービスの利用が基本となる。そうすることによって、保育所の間には競争が激しくなり、それによって保育の質の低下も防ぐことができる。保育の質を行政が細かくチェックしたり、質の向上のための財政支援も最小限にすればよいというのがその基本発想となる。

このような考え方に立つと、保育所制度は公共原理とは正反対の仕組みに変わらなければならない。

第一に、保育所は公立や民間の福祉法人によって設置・運営されるのを基本とするのではなく、企業が自由に参入できる市場でなくてはならない。税金が多く投入された保育所があると、そうした補助を受けていない保育施設は集客競争上不利な立場におかれるから、公立保育所は競争の障害物だとされる（これを市場依存または市場原理という）。結果として、保育所間の質の「格差」はさけられない。競争と格差は表裏一体のものである。

第二に、入所契約に行政が関与する必要はなく、親が自由に選んで保育施設と契約すればよいとする（行政が関与せず、親と保護者によって入所契約を行う制度を直接契約制度という）。その結果、保育を必要とする子に保育を提供する責任を行政はまったく負わなくなる。

第三に、保育料は、地域内の均一料金ではなく、経営者の判断で自由に設定できるようにすべきだとする。保育料の均一設定は保育施設を経営企業の営業の自由を脅かすものであり認めがたい。自由設定にすることで施設間の競争も激しくなり、低コストでの質の高い保育サービスが供給されるというのが市場原理推進者の主張である。

ところで、わが国の政府は、公共原理に立つ現行の保育所制度を、市場原理に基づく制度へと転換しようとしている。ここ一五年近くにわたる執拗な画策の末に、市場原理の制度原理をもとにした新しい保育施設＝認定こども園を政府は強引に制度化した。この認定こども園は、上述した市場原理的な制度の特徴である、「保育所への企業参入と市場依存」「施設と親との直接契約制」「保育料の自由設定」のすべてが盛り込まれた制度となっている。しかも、二〇〇六年三月に閣議決定された「規制改革・民間開放推進三か年計画」は、この認定こども園の実施状況を踏まえて、数年後には保育所制度そのものの市場原理への転換の適否を判断すると明記している。保育所制度の市場化という大転換が目の前に迫っているのである。

2　保育サービスの市場化がもたらす「保育の質」への不安

ところで、市場化に対して保育関係者が共通して抱く不安は、保育の市場化が保育に何をもたらすのか、とくに子どもの発達に必要な水準の保育サービスが供給されるのか、という点にある。アメリカ・イギリスなど市場原理にもとづく保育システムをとっている他国の状況を見れば、そうした不安も根拠ないものとは決して言えない。もちろん、他国と同じ状況が直ちにわが国に生じるとは限らないが、市場化を推進する政策担当者が、提供されるべき保育サービスの質を低いレベルで考えていれば、市場化後の保育サービス全体の水準に大きな問題が生じる恐れは強い。それゆえ、市場化推進論者が「保育の質」をどのようにとらえているかは、市場化後の保育の状況を大きく方向づけるものとなるであろう。

では、市場化論が想定する「保育の質」はどのようなものであるのか。それを知るうえで、格好の材料がある。それは、政府サイドから発表された、保育サービスの〈質とコスト〉に関する二つの調査報告である。いずれも、コストの単純比較にとどまっていた従来のコスト論に比べて、保育の質を本格的に問題にしようとしている点が二つの報告書に共通する特徴である。保育にかかるコストの高低と「保育の質」との間にいかなる関係があるか、それをテーマにした分析を行っているのである。

しかしながらその結論は、〝コストと質との間には明確な関連が認められず、それゆえいっそうのコストダウンを進めてもかまわない〟というものである。この結論そのものも重要だが、これらの調査報告での「保育の質」のとらえ方に注目する必要がある。そこには、市場原理を前提としているがゆえに、その「保育の質」にも「市場主義」特有の特徴があらわれているからである。

わが国で「保育の質」という言葉はよく使われるが、しかしその定義や評価方法についての研究・論議は緒についたばかりである。アメリカなどこれまでの「保育の質」研究の成果を紹介しながら、子どもの生活・発達への権利保障という視点から「保育の質とコスト」をどのようにとらえるべきかをあわせて示しながら、市場原理的「保育の質」論に批判的な検討を加えたい。

3　公然たる市場化推進論の登場

保育サービスの〈コストと質〉に関する二つの調査報告とは、一つは、財務省の委託研究『発生主義を用いた地方自治体サービスのフルコスト分析』（社会経済生産性本部による調査分析、二〇〇二年九月、以下「フルコスト分析」と略記[1]）であり、もう一つは、内閣府国民生活局物価対策室「保育サービス市場の現状と課題」（「保育サービスの価格に関する研究会」による調査分析、二〇〇三年三月、以下「市場分析」と略記[2]）である。

内閣府と財務省は、いうまでもなく「規制改革」推進の中心官庁である。「フルコスト分析」報告は、発表後日をおかずに地方分権推進会議の参考資料となり、「市場分析」報告は認可保育所を含めて「保育サービス市場」と一括して表記していることで明らかだと思うが、両者ともに、見まごうことなき保育サービス市場化の立場からの保育コスト論である。

そして、結論部分で政策提言をしているのだが、双方の内容の多くが期せずして一致している。第一に、「公立保育所は民間認可保育所に比して高コストであり、抜本的な効率化をはかること」、そのために「各クラスに正規職員を一人配置した上で、七割まで臨時職員を増やして」コストダウンを進めるよう求めている。第二に「（公立、民間認可に比してはるかに）低コストの無認可保育所に対して公的支援で信頼性を付与する準認可制度」を創設するよう強く提言している。

さらに、前者の「フルコスト分析」では、年齢別に算出した保育にかかる総経費に比べて保護者の負担が低く抑えられていることを理由に、保育料の引き上げが提言され、後者の「市場分析」では「三歳以上の待機児解消には幼稚園を活用する」ことや、（認可保育所の保育料軽減のための国・自治体補助金は、補助金を受け取ることのできない企業や認可外施設にとって「不公平」であるから）保護者に直接補助するバウチャー方式に切り換えを検討すべきだとしている。

これらの提言の大きな特徴は、認可保育所とそれ以外の保育サービスが同列に——いや実質的には後者を優遇すべきとする提言が多いのだが——扱われているということである。これ以前のコスト論があくまで認可保育所制度内での公立と民間のコストを比較していたのに対して、ここでは「認可外保育施設の活用」「認可保育所への補助金からバウチャー補助金への転換」が提言される。公然たる「市場化推進論」の登場である。そして、低コストの認可外施設や保育サービス産業を招き入れることによって、認可保育所全体に対しても大幅なコストダウンを求めていこうとするのである。

市場化とは、際限なきコストダウンの別名かといわざるをえない内容である。

②「保育の質」への市場主義的アプローチ

1）「保育のコストと質との間には関連が見られない」？

しかし、何よりも注目すべきは、これらの調査報告が、「保育の質」を問題にしたうえで次のような結論を導き出している点である。「フルコスト分析」においては保育園単位でコストの高い園と低い園の保育の質が比較され、「市場分析」においては、公立と民間認可と認可外という形で「保育の質」が比較される。

そのうえで、保育サービスのコストの高低と、その質との間には明らかな関連が見られない、だから大幅なコストダウンをしても、あるいは現行の認可外施設のままであっても、「質」にはそれほど大きな問題がないと結論づけているのである。

もし、保育のコストと質との間に関連が見られないのなら、最低基準等が定めている保育条件への規制も不要だということになる。

表1　保育士人件費と主な属性の比較

	正職員平均人件費	正職員平均年齢	臨時職員平均人件費	臨時職員平均年齢	臨時職員比率	加重平均人件費
公立保育所平均	26,103円	38.7歳	8,213円	39.0歳	43.5%	17,873円
民間保育所平均	15,988円	30.6歳	6,912円	35.2歳	19.4%	14,230円

それくらい重大な意味を持つ結論であるから、どのようにしてその結論が導き出されたのかを、少し詳しくたどってみることにしたい。

2）コスト差は人件費の差

まず、「フルコスト分析」を取り上げて、どのように〈質とコストの関係〉を分析しているか、その手順を紹介する。

第一段階は、公立保育所と民間保育所とのコストの比較を行う。その結果、公・民のコスト差のほとんどが人件費コストの差であり、その人件費の高低を左右する主たる要因として、「職員の平均年齢」、「臨時的職員の配置比率」、「職員の配置状況（国の最低基準をどの程度上回る職員を配置しているか）」の三つの要因を取り出す。表1にあるように、対象となった公立保育所は、職員年齢が高く「正規職員平均人件費」が高くなっている（民間の一・六倍）が、他方で臨時職員の比率は民間よりはるかに高い（四三・五％）ために、職員一人当り平均人件費＝「加重平均人件費」でみると公私の差は二五％程度に縮まっていると指摘している。

〈人件費コスト要因〉

①職員の平均年齢
②臨時職員の配置比率
③職員の配置状況

⇔

〈保育の質に関する質問項目〉

①「現在の職員配置に関する満足度」
②「クラス保育時間中の授業内容」
③「お子様から見た保育士の人気」
④「ご父母からご覧になった保育士の資質」
⑤「お子様の様子についての報告内容」
⑥「保育時間中の信頼度・安心度」

3）「保育の質」を保護者の「満足度」で測る

第二段階は、保育所ごとの「保育の質」の評価を行っている。その際、使われるデータは、上図に掲げた六つの質問項目に対する保護者の評点（五段階評価）の平均点である。その点数が高ければ、「保育の成果」が上がっているというのである。

そして最後の段階は、人件費コストが高い園と低い園、たとえば「国基準を上回って職員を配置している園」と「最低基準ぎりぎりの園」、あるいは「臨時職員比率がもっとも低かった園」と「臨時職員が七割近くいるもっとも高い園」とを取り上げ、「お子様から見た保育士の人気」や「現在の職員配置に対する満足度」の評価点を比べてみる。すると、保育条件（職員配置）がよい園が必ずしも親の評点が高いとは限らないという結果であった。こうした結果をよりどころにして、たとえば「職員の七割までの臨時職化」を提言するのである。

さて、ここで注目すべきは、保護者の満足度で「保育の質」を評価するというやり方である。この調査研究を遂行した社会経済生産性本部は、他所でも同様な手法で保育サービスの評価を行っており、このような手法を「保育の質」判定の標準的方法としている。

しかし、欧米での「保育の質」研究においては、保護者の満足度だけで「保育の質」を評価することはほとんどなされない。なぜ、欧米では保護者の満足度で測ることに慎重なのか。それを見ることで、逆に、「フルコスト分析」における「保育の質」のとらえかたの特異性が浮き彫りにされてくるはずである。そこで次に、アメリカでの「保育の質」の到達点をかんたんに見ることにしたい。

③ アメリカでの研究に見る「保育の質」の定義と評価

1）保育の質の三要素

わが国で「保育の質」という言葉がよく使われるようになってまだ日が浅いが、欧米ではかなり以前から、いかなる経済状況の家庭であろうと、すべての子どもが質のよい保育を受けられるようにするために「保育の質」の研究や評価が積み上げられてきている。

では、研究の蓄積によって保育の質についてどのような共通認識がつくられてきたのであろうか。その点について、コロラド大学のハウズとヘルバーンは次のように述べている。[3]

「今日、研究者の間には、子どもの発達へのプラスの影響に直接関連している保育の質的要素については、かなりの程度の共通認識が存在している。『保育の質』は、主として二つの相互に深く関連した構成要素からなっている。一つは、『プロセスの質』で、子どもたちが保育園で受ける経験を把握しようとするものである。もう一つは、『条件の質』（構造的質）で、子どもを取り巻く環

表2　保育の質の定義と測定

	プロセスの質 Process Quality	条件の質 Structural Quality	労働環境の質 Adult Work Environmental Quality
質にかかわる要素	①子どもと保育者の相互作用（とくに保育者の感受性、やさしさ、愛情、子どもへの積極的かかわり） ②保育者の子どもへの態度 ③学習活動の取り入れ ④保育環境の健康、安全面 ⑤施設、設備、素材など環境の適切性	①グループの子ども人数 ②大人と子どもの比率（受け持ち人数） ③保育者の保育経験 ④保育者の学歴 ⑤保育に関する専門的訓練・研修	①保育者の賃金と福利厚生 ②保育者の１年間の退職率 ③保育者の仕事への満足度 ④保育者の運営参加 ⑤仕事上のストレスの意識度

境的側面を把握しようとするもので、政府によって規制されていることが多い。さらに、研究が明らかにしているところでは、『大人の労働環境』は、保育者の行動や経験の積み上げに密接に結びついているために、保育園での子どもの行動に間接的に影響している」とされている。

2）日々の生活経験の質こそ「保育の質」

ここで挙げられている三つの保育の質、「プロセスの質」、「条件の質（構造的質）」、「（職員の）労働環境の質」はどのようなものか、もう少し具体的に見てみよう（表2参照）。

第一の要素である「プロセスの質」は、子どもたちが、日々の保育園生活の中での経験の質をさしており、それが保育の質の中心問題であることはいうまでもない。中でも重要なことは「保育者が子どもの社会的な行動に対して、共感的で肯定的なやり方で応答しているか、遊びや学習活動に積極的に働きかけているか、子どもの行動への管理的な対応をしていないかという点にある。

そして質の高い保育を受けた子どもは、周囲の人々との有意義な遊びに多くの時間を使い……そうした保育を受けた子どもたちの発達は、知的にも、社会的にも、言語的にも良好であった」と、先行研究の成果が要約されている。

日々の生活経験の質こそ保育の質の中心問題である、という指摘はごくあたりまえの指摘であるが、しかし「保育の質」をなにか他園とは異なる内容・特色や、幼児教育のための特別なプログラムをさすかのように誤解されている事例も見受けられる。「温かさ」や「肯定的な調子」など情緒的な要素が取り上げられていることでわかるように、保育の質は、保育者と子どもとの関係の質を中心とした日常的な人間関係や、保育者の子どもへの働きかけの繰り返しそのものの中にあることを、ここで改めて確認しておきたい。

3）保育条件は、プロセスの質と密接に関連している

次に、第二の要素とされている保育条件には、主として人的な条件にかかわる項目が並んでいる。表中にある「比率」というのは職員一人当たりの受け持ち子ども人数であり、「グループの子ども人数」というのは（わが国の保育所の最低基準には規定されていないが）日常の生活集団の規模を指している。

ハウズらは、これまでの先行研究を踏まえて、「少人数の子どもたちを保育している保育者は、

個々の子どもたちのニーズに合わせて保育を展開している。高学歴で専門的教育を受けた保育者は、その知識を生かして子どもとかかわっており、その結果子どもとのかかわりにおいて共感性が高く、応答的に行動している。これらの条件のもとで保育を受けた子どもたちは、低い条件で保育を受けた子どもたちに比べて発達が良好である」と、述べている。このように、保育条件の質とプロセスの質の間には密接な関連性があることは、複数の実証的研究によって明らかにされた、いわば国際的な共通認識になっているのである。

条件の質とプロセスの質の関連性は、当然わが国の保育にも基本的に当てはまるものである。そして強調しておかねばならないのは、わが国の保育条件を規定している児童福祉施設最低基準は、戦後直後の混乱期に制定されたがゆえに不十分な点が多く、国際的な水準から見て、直ちに改善が求められる点が少なくないことである。

わが国の最低基準の立遅れを示す一例として、「クラス人数」の問題があることをひと言指摘しておきたい。というのも、子どもが生活するグループの人数（クラス人数と考えてもよい）に関する基準が、欧米では多くの国で法的に規定されているが、わが国の最低基準にはまったく欠落しているからである。

グループ人数と子どもの発達との関連を調査した、よく知られたアメリカでの研究によれば、次のような結果が得られている（なお、この研究では、「大人数」とは三・四歳児のクラス人数が二十人を超える場合を指し、「少人数」とはおおよそ十五人以下のクラス・グループを指している）[4]。

「小さなグループで生活し、とくに幼児に関する教育を受けた担任教師がいるときには、子どもたちは、活動性と協調性の点で優れている。保育者は受容的で、刺激的な存在である。子どもたちは能動的に学習にかかわり、他の人たちとの関係がうまくいっている。このようなタイプの保育を経験した結果として、子どもたちは標準テストで計測した知識技能の急速な獲得が遂げられたのだと推測できる。他方、大人数のグループでは、（とくに保育者が幼児についての教育経験を持たない場合には）正反対の様相を呈する。保育者は受け身の行動に終始し、積極的な働きかけなしに、大勢の子どもたちの行動を後追いしているだけとなる。そうした環境の下で子どもたちは『無駄に時を過ごしている』。無関心とけんかが多くなり、こうしたクラスの力学の結果として、標準テストの得点上昇が鈍くなる。」

わが国においても定員超過が常態化する中、年齢別の入所定員が有名無実化している現状にあって、クラスまたは生活グループの集団規模が大きくなってきている。保育条件を保育の質の不可欠の要素としてとらえることは、保育所の現状を改善するうえでも、決定的に重要な問題だといえよう。[5]

4）保育者の労働環境とプロセスの質

さらに第三の要素として保育者の労働環境があげられている。

その中では、「たとえば、保育運営に参加し、満足感が高く、適切な報酬を得ている保育者は、子どもたちに対して共感的で、子どもたちの活動により積極的にかかわっている。……また、職員の離職率の高さは、その保育園の質の低さを示す重要な指標である。というのは、継続的安定的保育を受けることができないために、子どもたちの言語や社会的発達にマイナスの影響が生じる危険があり、ある研究では攻撃性の増大も報告されている」と述べられている。保育者の賃金、保育に関する決定への参加、安定した雇用など、保育者の労働環境が、子どもの発達に間接的に影響を与えているという指摘がなされている。

5）保育の質の評価方法

では、上述のような三つの要素からなる「保育の質」はどのようにして測定され評価されているのであろうか。ホファースによれば、「保育の質は、保育者と子どもとの相互のかかわりの温かさや豊かさ、あるいは保育園での日々の生活経験の観察によって計測するのがもっとも適切な方法だが、この種の観察的評価方法は難しく、多くの時間と費用が必要となる。それゆえ、州の行政官や研究者は、質のよいかかわりや良好な子どもの発達結果と強い関連性のある、保育条件的な要素を二、三選んで測定している。その条件とされるのは、職員と子どもの比率、グループサイズ、職員の訓練と教育歴である。それらに加えて、多くの研究が明らかにするところでは、保育の安定性

（すなわち、保育者の離職率の低さと子どもにとっての保育の場・形態の変化の少なさ—引用者）が、全般的な保育の質のよさに関連しており、職員の離職率の低さは賃金の高さと関連性が強い。[6]」

つまり、保育の質を客観的に判定するもっとも一般的な方法は、プロセスの質との密接な関連性が実証されている「条件の質」または「労働環境の質」を指標としたものなのである。

④ 市場主義的「保育の質」論の問題点

1）顧客満足度としての「保育の質」

さて、アメリカの保育研究者による保育の質の定義と評価を踏まえると、「フルコスト分析」における「保育の質」のとらえ方、評価の仕方の特異性が鮮明になると思われる。

まずはじめに確認しなくてはならないのは、「保育の質」は、他の一般的な商品・サービスの「品質」とは異なった視点から定義されなくてはならないということである。たしかに、一般的な「品質」は、「顧客の満足度」によって評価されることが多い。しかし、「保育の質」は、「親の満足度」によるのではなく、「プロセスの質」（子どもたちの日々の保育園生活の中での経験の質）の直接観察によって測られなくてはならない。

それはなぜかというと、保育サービスの「受益者」が何よりも「子ども」であることによっている。つまり、子どもの成長・発達という「保育の成果」は、その子自身、あるいは親自身にとって重大な関心事であるだけなく、最終的には「社会全体」がもっとも大きな利益を受け取る「受益者」である。それゆえ、保育の質は、個々人の利害関心や満足度の総和と等置されるものではなく、「子どものすこやかな発達」に直接関連している「プロセスの質」そのものによって評価されなくてはならないのである。

それに対して、「フルコスト分析」においては、「子どもから見た保育者の人気」や「親から見た保育士の資質」など、かなり主観的であいまいな事項について保護者の満足度をたずね、その評点を「質」としている。しかし、それではいつまでたっても、保育の質の中心にある「プロセスの質」には到達しえないであろう。

ここでとくに強調したいことは、「保育の質＝顧客満足度」というとらえ方は、市場化推進の立場から必然的に導き出されたものだということである。つまり、保育サービスを一般的な商品・サービスと同列にみなす、いい換えれば個人消費の対象とみなすというのが市場化推進論の基本的な前提である。そうした立場からすれば、まさに顧客・消費者にとっての「満足度」が重要であり、サービス提供者にとっても購入意欲を左右する「人気」や「満足度」がもっとも重要なものとなる。

繰り返すが、保育サービスの市場化論においては、「保育の質」は顧客（親）個々人の満足度で測定されることになるのである。そのことを、この「フルコスト分析」は浮き彫りにしているのであり、もう一つの調査報告「市場分析」も、まったく異なったアプローチをしていながら、けっきょくは顧客満足度に保育の質の問題を還元するものになっている（この点は後で詳述する）。

このように市場主義的なアプローチにおいて、保育の質を顧客満足度で測ることの最大の問題点は、社会全体の利益としての「すべての子どもたちの発達」保障という課題意識ははるか後景に退かざるをえない点にある。この点で、市場主義は、「子どもの発達への権利」という視点を欠落させたものとならざるをえないのである。

2）保育の質と保育条件との切り離し

第二に、アメリカにおける「保育の質」研究においては、もっとも適切な評価方法は「プロセスの質」の直接観察だとされているが、そうした方法は技術的にもコスト的にも難しい面があるため、客観的な計測には、「保育条件（グループ人数・比率・経験・専門的訓練等）」や「保育者の労働環境（賃金・離職率・運営参加度・ストレス）」の指標が用いられている。保育の条件や労働環境が、「プロセスの質」に重大な影響を与え、子どもの発達状況にも反映してくるというのは、国際的な共通認識なのである。

それに対して「フルコスト分析」においては、「職員配置の手厚さ（これはアメリカの「比率」に該当する）」「保育経験」「賃金」などは保育の質の一要素としてではなく、人件費アップの要因として取り扱われる。そのうえで、顧客としての親の満足度を質のものさしとしている。これはけっきょく、「顧客満足度」を質の唯一の指標とする立場であると同時に、保育の条件や保育者の労働条件がそれ自体として保育の質の重要な要素であることを覆い隠すものだといわざるをえない。このように、保育の条件と「保育の質」との間には密接な関連があることが実証されているにもかかわらず、(7) 条件と質の両者をできるかぎり切り離して扱おうというのが、「保育の質」への市場主義的アプローチの第二の特質なのである。

3　第三者評価に刻まれた市場主義の烙印

そして、条件と保育の質とを切り離そうとする、市場主義的な保育の質へのアプローチは、国や東京都が躍起になって広げようとしている第三者評価事業にも見て取ることができる。

よく知られているように、第三者評価の際の評価基準から、保育の条件に関する評価項目はまったく除外されている。なぜ除外されたのか、それは第三者評価制度の設置を始めて提言した中央社会福祉審議会「社会福祉基礎構造改革（中間まとめ）」によって「明快に」説明されている。

すなわち、評価は「サービス提供者自らの問題点を具体的に把握し、改善を図るための手段」であるから、評価の対象をあくまで「サービスの内容」に限定すべきである。そして、「(内容の評価がなされることを) 踏まえ、施設設備や人員配置など外形的な基準については、質の低下を来たさないよう留意しつつ、弾力化を図る必要がある」としている。

ここでは、「質」は、事業者の自己努力で改善可能な範囲の「内容」に限定されている。そして、保育条件は「外形的な基準」として、つまり、「内容＝質」に直接関連しないものとして取り扱われている。自治体や保育園の努力によって改善されてきた「保育の条件」は、はじめから「質」の外に追いやられている。ありていにいえば、第三者評価は、保育条件に関する規制緩和（それはとりもなおさず、保育サービスのいっそうのコストダウンにつながる）と初めから抱き合わせになっているのである。第三者評価事業もまた、市場主義の烙印がくっきりと刻まれているのである。

「保育の質」がこれほど語られるにもかかわらず、いっこうに保育条件の改善がすすまないのは、おそらく日本だけではないだろうか。その一因は、政府が定義する保育の質が、保育者の労働条件を含む保育条件を「質」の外に追いやってしまっていることにあると思われる。

そして、市場主義的な「保育の質」論の三つ目の問題点は、保育条件が質から切り離されていることと密接に関連している。それは、保育者の専門性が低くとらえられることになるということである。その点については、もう一つの調査報告「保育サービス市場の現状と課題」を素材にしながら、次節で改めて論じることにしたい。

⑤「サービスとしての保育の質」と「権利としての保育の質」

1）「進まぬ市場化」に対する問題意識

これまで、保育サービスの市場化を推進する立場からの「保育の質」論の一つとして「フルコスト分析」を取り上げ、保育サービスが基本的に「顧客満足度」の視点から論じられていることの問題点を指摘した。ここでは、もう一つの政府サイドからの報告書、内閣府国民生活局物価政策課「保育サービス市場の現状と課題―『保育サービス価格に関する研究会』報告書」における「保育の質」論を見てみよう。

先鋭的な保育サービス市場化論者である八代尚宏氏が座長を務めるこの研究会報告書は冒頭で、保育制度改革の課題を次のように提起している。「いかに質の高い保育サービスを、いかに低コストで供給するか、これが日本の保育所の直面する最大の課題です。……保育サービスの高コスト是正を図るためには、サービスの質を確保しながら、競争をより進めていく必要があります」と。

制度改革の「最大の課題」とされている「低コスト化」とは何をさす言葉であろうか。

「市場分析」報告書は、認可保育所保育料を軽減するための補助金を原則廃止すべきだと提言している。その理由は、保育料軽減の補助金は、補助金を受けられない営利的保育サービスにとって価格競争の点で不利を強いることになり、企業参入を妨げるものだからだという（そればかりか、実際のコストより保育料が低く押さえられていることが、待機児増加の主たる要因だという議論さえも展開されている）。

それゆえ、「低コストでの供給」とは保育料負担の軽減をさすのではなく、まったく反対に、保育料軽減の補助金を含めて公的保育制度に対する補助金全体を大幅削減することを意味している。それに代わって、公的補助金を受けない営利的保育サービスを拡張して低価格競争を促すこと、つまり「低コスト化」とは市場化そのものを指すのである。

しかし、「市場化」は順調に進んでいない、と報告書はいう。

「保育サービスの分野では九〇年代以後、さまざまな規制緩和が進められてきました。一九九八年には『措置』制度が改められ……さらに……設置主体の制限撤廃、保育所最低定員の引き下げ、設置基準の弾力化など、供給不足解消のために、さまざまな対策を打ち出してきました。しかしながら、これまでのところ、こうした規制緩和による新規参入はあまりかんばしくありません。」

低コスト化による保育の質の低下を懸念する世論と、家庭の生活と子どもの発達への権利を守れという保育運動が、市場化の大きな歯止めとなっているのである。しかし、報告書は、そうした世論と運動を、「市場原理を持ち込むことに対する感情的な嫌悪感や心理的反発」と描きだす一方で、「それとは正反対に競争原理さえ持ちこめばすべてことが解決するといった単純な思い込み」でも現状を打開できないとする。そこで、世論を説得するためには、補助金の削減＝市場化によって保育サービスのコストがどれほど抑えられ、他方でサービスの質がどのように変わるかを客観的なデータで検証することによって、市場化への世論の批判に「反論」しようというのがこの「市場分析」報告書の問題意識となっている。

2）「構造的指標」と「発達心理学的指標」を取り込んだ保育の質論

報告書は保育サービスを、大きく公立保育所、私立認可保育所、認可外保育施設の三つに区別し、それらの間にコストと質の点でどれほどの差異があるのかを調べている。

まず、コストの点では、「フルコスト分析」同様、公立保育所＞私立認可保育所＞無認可保育施設の順にコスト高になっていることを指摘している。とくに、保育士の賃金について詳細な分析を行い、設置主体別の平均的な（年齢・経験年数による）賃金曲線を算出している（なお、この報告の中でとりあげられた認可外施設は比較的大規模な施設であり、その全体像を示すものとはいいがたい）。

さて、注目すべきは保育の質の評価方法である。「何をもってサービスの質とするかについてはコンセンサスがあるわけではない」としながらも、アメリカでの保育の質研究の動向も一定程度踏まえながら、保育の質にかかわる四十の項目を挙げて保育園に対して質問紙調査を行っている。その四十項目は大きく四つに大別され、保育士の能力や資格、保育所の施設などの保育条件にかかわる「構造的指標」、子どもの発育環境や子どもの健康・安全管理に関する「発達心理学的指標」、保育時間や休日保育の実施など「父母の利便性に関する指標」、そして「その他」から構成されている。

このような保育の質の定義は、先に紹介した「フルコスト分析」における評価方法より二つの点で前進していると思われる。一つは、「構造的指標」、すなわち「保育条件」が第一の要素として挙げられている点、二つ目は、「発達心理学的指標」を設けて保育の内容や健康安全面の評価を試みている点である。

このような要素を重視した結果、表3-1〜4に明らかなように、子どもの発達や生活の保障という点で、公立保育所と私立保育所が高い水準を保っていることが明確になっている。

まず「保育条件」にかかわる質の比較について、報告書は次のように述べている。構造的指標のうち、「保育士の能力や資格に関する指標を見ると、常勤保育士比率を除くすべての項目で、公立が私立認可を上回っています。認可外についても児童に対する保育士の比率以外は、明らかに公立が上回っています。保育施設にいたっては、公立は私立認可をすべて上回っており、認可外も一人当たりの保育室面積や屋内遊戯場面積を除けば公立の方が優れています。このサンプルに含まれる

表３－１　構造的指標（Structual Characteristics）の比較

	公立認可	私立認可	認可外	(a)私立認可VS公立（私立が勝っていれば○）	(b)認可外VS公立（認可外が勝っていれば○）	(c)認可外VS私立（認可外が勝っていれば○）
(a)保育士の能力・資格に関するもの						
1 児童保育士比率（基準比）	1.32	1.24	1.41	×　＊＊	○　＊＊	○　＊＊
2 常勤比率	0.79	0.86	0.75	○　＊＊	×　＊＊	×　＊＊
3 経験年数	14.60	7.95	9.40	×　＊＊	×　＊＊	○　＊＊
4 保育士の新規採用時の研修の実施	0.85	0.81	0.39	×　＊＊	×　＊＊	×　＊＊
5 保育士の外部への研修・セミナー・保育学会への派遣	0.92	0.94	0.76		×　＊＊	×　＊＊
6 保育士のリーダーシップ育成研修（主任保育士研修等）に参加させている	0.92	0.86	0.22	×　＊＊	×　＊＊	×　＊＊
(b)保育所の施設に関するもの						
7 児童一人当たり乳児室面積（基準比）	2.92	1.88	2.40	×　＊＊		○
8 児童一人当たり保育室面積（基準比）	1.68	1.70	4.23		○　＊＊	○　＊＊
9 野外遊技場面積（除く代替公園）（基準比）	6.52	4.62	1.84	×　＊＊	×　＊＊	×　＊＊
10屋内遊技場面積	1.51	0.92	3.60	×　＊＊	○　＊＊	○　＊＊

注）＊＊は、５％基準で有意であることを示す。

表３－２　発達心理学的指標（Developmental Psychological Characteristics）の比較

	公立認可	私立認可	認可外	(a)私立認可VS公立（私立が勝っていれば○）	(b)認可外VS公立（認可外が勝っていれば○）	(c)認可外VS私立（認可外が勝っていれば○）
(a)発達環境に関する指標						
11運動会の実施	0.99	0.97	0.54		×　＊＊	×　＊＊
12園外保育（遠足、芋掘りなど）の実施	0.99	0.99	0.87		×　＊＊	×　＊＊
13プール遊び（水遊び）の実施	0.99	0.99	0.93		×　＊＊	×　＊＊
14リズム体操の実施	0.88	0.83	0.75	×　＊＊	×　＊＊	×　＊＊
15園庭・公園などでの外遊びの実施頻度	4.70	4.58	5.03	×　＊＊		
16幼児教育の有無	0.18	0.23	0.04	○　＊＊	×　＊＊	×　＊＊
(b)子どもの健康・安全管理に関する指標						
17園児の日々の管理記録の実施	0.92	0.92	0.98			○　＊＊
18園児に対する定期健康診断・身体測定の実施	1.00	0.99	0.89		×　＊＊	×　＊＊
19園児の在園時間中の怪我・事故の状況に関する保護者への説明の実施	0.96	0.96	0.96			×　＊＊
20保育士と保護者の間の連絡帳の実施	0.96	0.96	0.97			
21保育士同士のミーティングの実施	0.98	0.97	0.91		×　＊＊	×　＊＊
22職員の定期健康診断の実施	0.99	0.99	0.87		×　＊＊	×　＊＊
23嘱託医以外に提携病院を持っている	0.09	0.33	0.27	○　＊＊	○　＊＊	
24児童事故時の保険加入	0.99	0.98	0.97			
25保育室や園庭にカメラを設置して子どもを見守り	0.02	0.11	0.07	○　＊＊	○　＊＊	

注）＊＊は、５％基準で有意であることを示す。

表３－３　父母の利便性（Parent's Convinience Characteristics）の比較

	公立認可	私立認可	認可外	(a)私立認可VS公立（私立が勝っていれば○）	(b)認可外VS公立（認可外が勝っていれば○）	(c)認可外VS私立（認可外が勝っていれば○）
26駅からの近さ	23.18	22.62	12.09		×　＊＊	×　＊＊
27営業時間の長さ	10.98	11.67	12.70	○　＊＊	○　＊＊	○　＊＊
28延長保育時間の長さ	18.48	18.87	19.71	○　＊＊	○　＊＊	○　＊＊
29休日保育の有無	0.02	0.05	0.14	○　＊＊	○　＊＊	○　＊＊
30病後時保育の有無	0.00	0.02	0.17	○　＊＊	○　＊＊	○　＊＊
31父母との懇談会・面接会の実施(平日)頻度	0.91	0.92	0.62		×　＊＊	×　＊＊
32懇談会・面接会の休日（土曜日）実施	0.21	0.45	0.53	○　＊＊	○　＊＊	
33育児支援センター・育児支援・育児相談をしている	0.65	0.63	0.38		×　＊＊	×　＊＊
34保護者からの苦情処理窓口の設置	0.61	0.81	0.37	○　＊＊	×　＊＊	×　＊＊
35保護者との連絡はＥメールで可能	0.09	0.24	0.20	○　＊＊	○　＊＊	

注）＊＊は、５％基準で有意であることを示す。

表３－４　その他のサービス（Other Characteristics）の比較

	公立認可	私立認可	認可外	(a)私立認可VS公立（私立が勝っていれば○）	(b)認可外VS公立（認可外が勝っていれば○）	(c)認可外VS私立（認可外が勝っていれば○）
36障害児保育の有無	0.58	0.49	0.15	×　＊＊	×　＊＊	×　＊＊
37緊急・一時保育の有無	0.27	0.31	0.40	○　＊＊	○　＊＊	○　＊＊
38休日に園庭を地域住民に開放している	0.18	0.23	0.04	○　＊＊	×　＊＊	×　＊＊
39外国人の保育児童を入所している	0.59	0.58	0.57			
40インターネットのホームページの開設	0.29	0.39	0.42	○　＊＊	○　＊＊	

注）＊＊は、５％基準で有意であることを示す。

（出典：保育サービス価格に関する研究会報告書「保育サービス市場の現状と課題」（2003年3月28日）なお、それぞれの項目の右に記された数値の多くは、実施率（実施している場合は１、していない場合は０として算出）を示している。１を超える数値は、年数・時間・実施頻度などを示している。）

認可外保育所が比較的規模の大きい優良なところに限られていることを考慮すると、構造的指標では公立が明らかに私立認可、認可外を上回っているということができます。いい換えれば、公立は保育士のレベルが高いという点や保育の施設が整備されているという点で私立や認可外よりもかなり優れているのです」と報告書は指摘している（なお、表3‐1において、児童保育士比率や児童一人あたりの保育室面積などにおいて認可外が公立・私立を上回っているとの意外な結果が示されているが、計測方法・データそれ自体をみることができないため、なぜそうした結果になったのか確認できない）。

次に、「発達心理学的指標」に関しては、「運動会の実施など発育環境に関する指標は明らかに公立が私立認可を、私立認可が認可外を上回っています。一方、園児の日々の管理記録をつけているなど子どもの健康や安全管理に関する指標では、認可外が公立や私立認可を下回っている指標もありますが、構造的指標とは異なり、私立認可がむしろ公立を上回っています」と述べている（とはいえ、発達心理学的指標の中で「認可外が勝っている」として○がついているものをみると、「幼児教育の有無」「嘱託医以外に提携病院をもっている」「保育室や園庭にカメラを設置して子どもを見守り」といずれも実施率が低く、その必要性についてコンセンサスがないものも多い。私立認可と公立の間に発達心理学的な面で大きな差異があるとするのはやや無理があると思われる）。

3）子どもの視点で保育の質を計測すれば公的保育制度の意義は明らか

　このように、保育の条件や内容に視点を定めて保育の質を計測すれば、認可保育所という公的制度が保育の質を確保するうえで決定的な役割を果たしていることは明確である。とくに、施設条件、保育士の研修、そして運動会やリズム体操の実施などの点で、公・私立認可保育所と認可外施設との間に小さくない差が認められる結果となっている。

　もちろん、耳目に入りやすい「幼児教育の有無」や行事の有無など、特定の「教育」や「活動」の実施にのみ偏した「発達心理学的指標」となっている点には少なからぬ問題がある。内容の適切さや前述した「関係の質」などに目配りした評価を工夫する必要がある。とはいえ、たとえば運動会の実施率が低いことは、乳児が多いという理由以外に、認可外施設における環境条件の確保が困難であるという実態を浮き彫りにしていると見るべきであろう。認可外施設の環境条件改善の課題、そして公的な補助金に裏付けられた認可保育制度の拡充が緊急の課題となっていることを浮き彫りにしているといえよう。

4）保育の質の「得意分野」へのすりかえ

しかし報告書は、子どもの視点から見て、認可保育所制度はきわめて重要な役割を果たしているという結論を導き出そうとはせずに、三つ目の「父母の利便性」という指標に関する結果を示して、次のように述べる。

「父母の利便性を見ると、今度はむしろ私立認可が公立を圧倒的に上回っています。保育時間が弾力的であるか、保護者からの苦情や連絡が容易であるかなどを示す変数が含まれています。ここではすべての項目で私立認可が優れているかほぼ同じという結果になっています。認可外でも項目数では公立を上回っているものが多くなっています。公立が圧倒的に優位だった構造的指標とまったく対照的です。」

たしかに多くの項目で○が付されているが、「私立認可が圧倒的に上回っている」という報告書の表現は不適切ではないか。休日保育・病後児保育・緊急一時保育などのニーズに対しては私立認可あるいは認可外施設が積極的に対応していることが明らかである。しかし保育時間の項目を見てみると、公立保育所十八時三十分頃、私立認可保育所十八時五十分過ぎ、認可外保育施設十九時四十分過ぎとなっており、公立と私立認可と認可外の間の差は予想以上に小さい。公立保育所がこの間、時間延長に積極的に取り組んできた結果が反映されたものになっている。

そして、「父母の利便性」に関するこのような差異をことさら強調して、公立・私立認可・認可外それぞれの保育の質について最終的に次のような結論を下している。

「以上をまとめると次のようになります。公立は、保育士の能力・資格、設備、子どもの発育環境については、他よりもかなり優れています。一方、私立認可は子どもの健康や安全管理、それに父母の利便性という点では逆に公立を上回っています。つまり、あるタイプの保育所がすべての指標において必ず優れているということはなく、それぞれが得意分野をもってサービスを提供していることになります。」

これまでの調査結果をそのまま受け止めれば、子どもの発達の点でも、父母の保育要求の点でも、いずれの点でも保育の質を確保することが必要で、そのためには現在の公的保育制度の拡充を進めることが適切だという結論になるはずである。しかし、報告書は、子どもの発達要求と親の保育要求をことさらに対立させたうえで、公立、私立認可、認可外がそれぞれの得意分野を生かしていずれかに重点をおいたサービスを提供すればよいのだと「力説」する。

5）「市場サービスとしての保育の質」論と「権利としての保育の質」

〝一方に子どもの発育環境で優れている保育所があり、他方に父母の利便性の点で優れている保育所がある、そして認可外施設も父母の利便性ニーズに応えるという得意分野を持った一つのサービス主体である〟として保育の質をすべて相対化する。認可外施設に依存している現状さえも肯定的に描き出す。そして、いかなる「得意分野」を持った保育サービスを選ぶかを親にゆだね、保育の質の問題を親の選択と満足の中に解消しようとする。

子どもの発達保障の視点から引出された要素である「保育の条件」や「発達心理学的指標」を使って保育の質を定義・評価した結果は、保育サービスの市場化によって、現状のままの認可外施設を増やすことは保育の質の向上には決してつながらないこと、それゆえ、保育の質を保障するための何らかの形で公的な規制や財政的支援制度が必要であることを明白にしている。子どもの発達保障の視点から見て、望ましい保育の質を確保するためには、公立・私立・認可外の間にある保育条件の格差をどのようにして改善するかが問題になるべきであるのに、まさにその肝心なところで、市場化論は、保育の質を「親の選択」に委ねるというロジックを使って、公的な規制の必要性を打ち消そうとする。

ここに至って、この「市場分析」報告書も、「フルコスト分析」報告書とまったく同様に、保育の質を「親の選択と満足」へと還元するものだということができよう。そして、保育の質を、保育経営上の「得意分野」にすり替え、けっきょくは、子どもの発達への権利を保障するためには「社会的な責任と規制」が不可欠であるという事実をあいまい化する。市場原理にもとづく保育制度改革論は、その本質において、子どもの発達保障が社会共通の関心事であり公共の利益にかかわる事柄であるという視点を欠いたものといわざるをえないであろう。

これまで保育サービスの市場化論における保育の質の定義と評価方法の特質を見てきた。基本的に、保育の質を、いかなる保育サービスを親が選ぶかという問題にすりかえて相対化し、けっきょく、子どもの発達への権利要求と父母の正当な要求を同時に満たすような保育の質を社会的にどう保障するかという課題を棚上げする点に大きな問題があることをみてきた。

保育をすべての子どもたちに保障するという課題を棚上げにさせないためには、どのような視点から保育の質をとらえていくべきかを積極的に提起していく必要があろう。その際には、市場主義的な発想から生まれてくるような保育の質の評価項目、たとえば親や子どもの「人気」の重視、「発達心理学的指標」が行事や特定の「幼児教育」の有無に偏っている点や、父母の保育所に対する要求を「利便性」への要求として一括している点などに含まれている問題点の検討も重要になる。だが、保育の質論の積極的展開は後で取り上げることにして、ここでは、市場化推進論における保育コスト論の問題に転じたい。

⑥ 保育市場化論におけるコスト論の問題点

1）保育者賃金の構造的格差の固定化＝低コスト化の実質

これまで見てきたように、市場化推進論においては、保育の質の社会的な保障という課題を巧妙に「回避」してしまって、いかにして保育サービスの低コスト化を図るかに問題を移しかえる。それゆえ、保育の質の確保や向上に関する政策提言はほとんどなく、もっぱらコストダウンの具体的方策が提言される。具体的には、「公立保育所の臨時職員の比率を七割まで引き上げる」「（低コストの）認可外施設に信頼性を付与する準認可制度をつくって活用を図る」「幼稚園の預かり保育を拡大して三歳以上児を受け入れることで、保育所への乳児の受け入れ枠を広げるなど、幼保一元化を含む幼保の一体化運営の推進」が二つの報告書には列挙されている。

これらの提言は、少しでも人件費コストが低いサービスを活用・拡大せよとの提言である。たしかに、公立と私立認可、正規職員と臨時職員、認可保育所と認可外施設（さらには保育所と幼稚園

図1-1　日給ベースでの公立保育所の賃金プロファイル

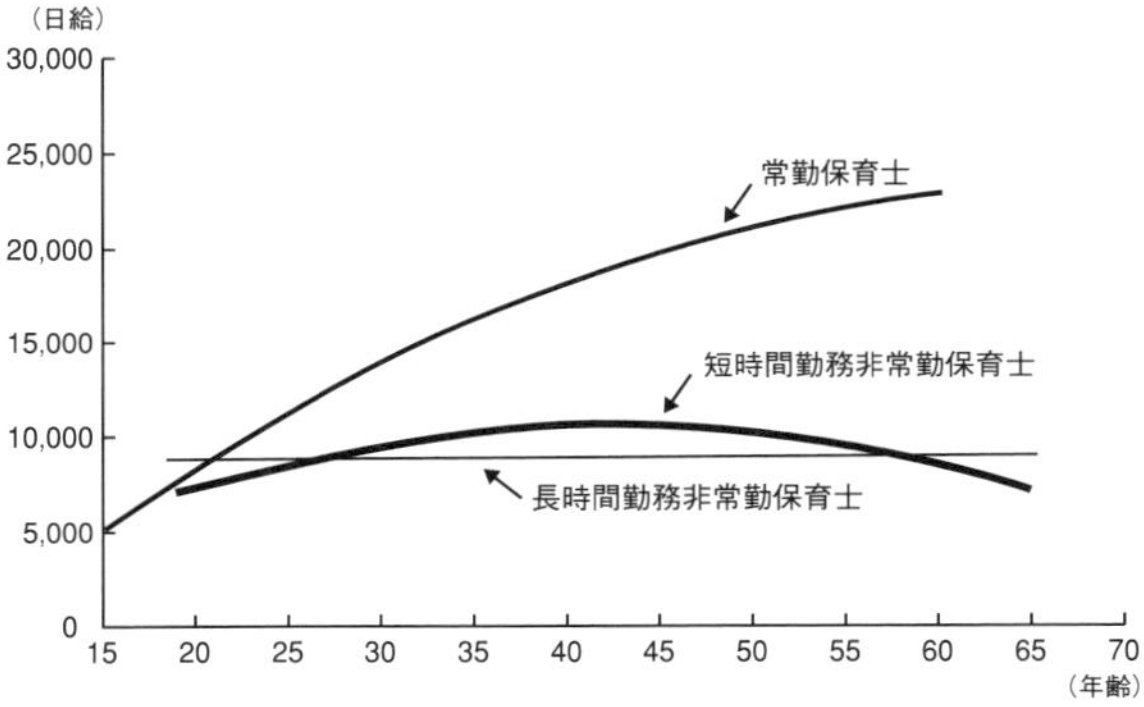

図1-2　日給ベースでの私立認可保育所の賃金プロファイル

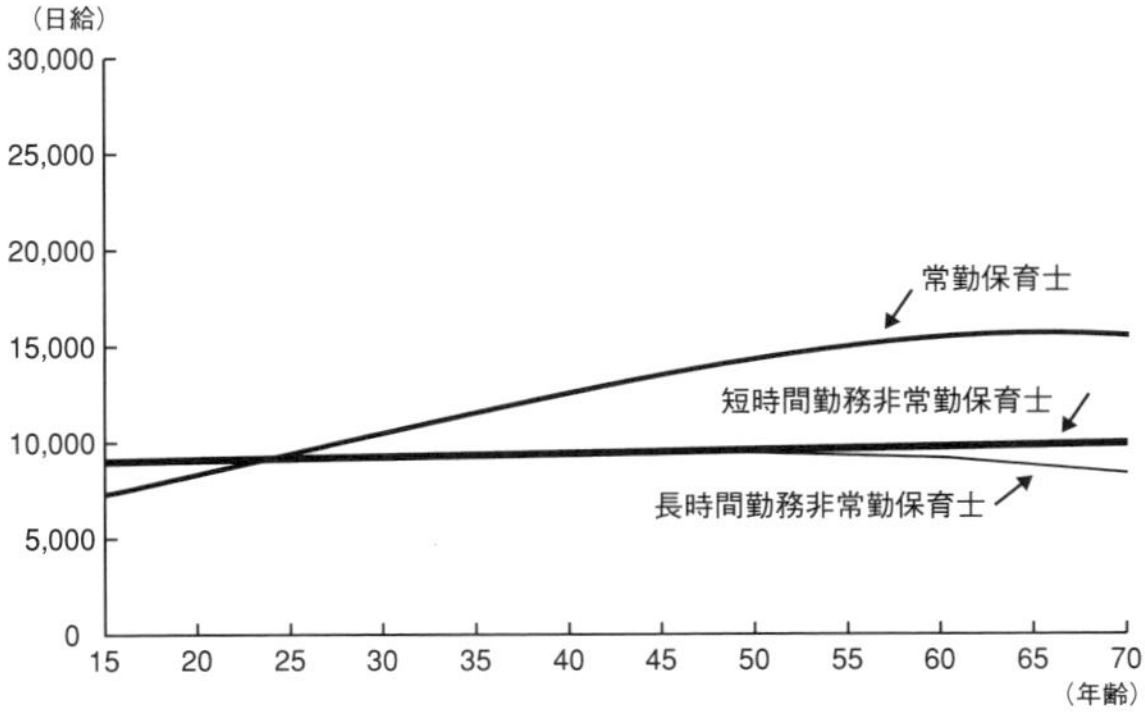

（出典：保育サービス価格に関する研究会報告書「保育サービス市場の現状と課題」（2003.3.28））

まで含めて）の間には、その人件費コストには格差がある。図1と2は、「市場分析」報告書から引用したものだが、それぞれ公立保育所、私立認可保育所の正規職員と非常勤職員の賃金プロファイル（年齢・経験による賃金曲線）が示してある。公立と私立の正規職員の格差だけでなく、正規職員と非常勤職員との賃金格差の大きさ（とくに、非常勤の場合は年齢や経験がまったく考慮されていないこと）にも注目する必要がある。さらに、認可外施設の職員の賃金カーブは示されていないが、時給ベース平均で私立認可保育所よりも二八％賃金が低く抑えられていると、「市場分析」報告書は指摘している。

つまり、市場化論者が提言する保育サービスの低コスト化とは、経営主体（公立・民間・認可外）あるいは雇用形態（正規・臨時・契約・パートなど）によってつくり出されている保育職員の賃金の構造的な格差を無条件に肯定し、それを動かぬ前提とすることによって可能になっているのである。しかし、そこには大きな論理矛盾が存在する。というのは、市場化論の政策提言――たとえば臨時職員を七割までに増やせ、認可外を準認可として認め活用せよ――に従うとすると、臨時職員にはこれまでの正規職員と同じ質・量の仕事が求められるし、認可外の保育者も認可保育所と同レベルの質の保育が求められなくてはならないはずである。量的にも質的も同一労働となるなら、賃金格差は解消されなくてはならない。

しかしながら、市場化論は、同一労働に対して支払われる賃金に構造的な格差があることを是正するどころか、その固定化による「活用」を提言する。それゆえ、保育のコストを論じる際のもっとも焦点的で論争的な問題は、保育労働者の賃金をめぐって厳然として存在する構造的格差の現実にどのような態度をとるかという点にあるのである。

2）保育者自らがコストを負担している～保育者の「逸失賃金」というコスト論

保育者賃金に構造的な格差がある状態は、同一労働同一賃金の原則に照らして抜本的な是正が必要である。そうした立場にたつとき、当然、保育コストの定義と算出方法はおのずと異なってくる。その好例として、3節でも引用したヘルバーンとハウズが行っている保育の「フルコスト」の計算方法を紹介しよう(8)。

彼らによれば、保育コストは、「経営者、親、社会それぞれの視点から見ることが可能」だが、「社会全体の視点から見るとき、もっとも重要なことは、保育を提供するために投じられているすべての資源・手段の価値を算入することが重要である」としている。ここで重要なことは、「すべての資源」を計算すること、つまり、金銭コストに限定せずにコスト計算を行うことである。そうした視点でみたとき、保育に対してはさまざまな「補助金（subsidies）」が投じられており、その主なものとして、政府や公的機関からの補助金のほかに、「個人・団体から提供される土地、物資、ボランティアなどの現物寄付 in-kind donations」と「保育者の逸失賃金 forgone earning」が大きな比重を占めているという。この「逸失賃金」というのは、保育者が実際に受け取っている賃金と、「学歴、人種、民族、性別、年齢を等しくした場合に、他の同種の専門職者が受け取っている賃金」との差額をさしている。この「逸失賃金」を保育コストに組み入れるという方法こそ、賃金の格差構造を前提としないコスト計算のあり方ではないかと思うのである。

このような考え方に立って彼らは、保育の「フルコスト」を、①金銭の出し入れという形をとってなされる保育の費用＝「消費コスト expended cost」と、②個人や機関からの労働力・食料・資材などの「現物寄付」、③職員の逸失賃金の三者からなるものとして定式化している。この計算方法に基づいてアメリカの四つの州にある三百ヵ所の保育センターを調査した結果を、参考までに表4に示した。

これを見てみると、全体平均で「逸失賃金」は毎月子ども一人あたり百ドル強、フルコスト全体

表4　典型的な保育センターにおける子ども一人当たりの経費（月額）

フルコストの内訳	非営利保育		営利保育		全体平均	
	金額	構成比	金額	構成比	金額	構成比
消費コスト Expended cost	$420	71.9%	$386	75.5%	$403	73.5%
人件費 Labor	331	56.7	239	46.8	285	52.0
地代・施設費 Occupancy	31	5.7	78	15.3	55	10.0
食料費 Food	21	3.8	16	3.1	19	3.5
その他運営費 Other operating	28	5.1	40	7.8	34	6.2
間接経費 Overhead	9	1.6	11	2.2	10	1.8
現物寄付 In-kind donations	$ 60	10.9%	$ 17	3.3%	$ 39	7.1%
逸失賃金 Forgone earnings	$104	19.0	108	21.1	106	19.3
フルコスト Full cost	$584	100%	$511	100%	$548	100%

（S.L.Helburn & C.Howes, Child Care Cost and Quality, *The Future of Children*, Vol.6, №2, Summer/Fall 1996, p73の図をもとに作成）

のじつに二〇％に相当する。いい換えれば、保育にかかるコストのうち、約二割は保育者が自ら「負担」していることになる。また、営利型保育センターは、施設費などにコストをかける分、人件費が低く抑えられていることがわかる。

そして、彼らはこれらのセンターの「プロセスの質」を測定した結果と照らし合わせて、「より質の高い保育センターでは、他の要因を考慮に入れると、トータルの人件費コストが高い」ことが明らかになったという。そしてそれは、「逸失賃金」を含んだ人件費コストは、保育者の受け持ち人数や一クラスの子ども数などを反映した数字であるから、当然予想された結果であったと述べている。

3）働く者の権利に立脚した「保育のフルコスト」論のために

ここで、先に取り上げた報告書のタイトルが、「発生主義を用いた地方自治体サービスのフルコスト分析」であったことを想起される方も多いであろう。しかし、この報告書のいう「フルコスト」は、まったく意味が異なっている。そこでは、たとえば施設建築費は予算執行年度のコストとしてではなく、施設の耐用年数が切れるまで「減価償却費」として毎年計上したり、行政事務経費もコストに含めるなどして、経常的経費以外の様々な経費をコストに算入している。しかし他方、認可外保育施設の積極活用をいいながら、認可外施設における自宅提供や、職員の「逸失賃金」、あるいはバザーなどを通じての保護者の寄付などを一切考慮に入れていない。たんに、その保育料が低廉であることだけしか見ていないのである。同じく保育にかかるコストをもれなく計算するとしながらも、社会的な視点から保育労働の正当な対価としてのコスト計算を行うのか、そうではなくもっぱら企業経営の立場から賃金格差を固定化して計算するのか、その違いは明白である。

認可外施設や臨時職員の活用を主張する市場化論に対して、私たちは、「保育労働の正当な対価」（年齢・経験の要素を、個人的集団的な専門性形成の不可欠の要素として組み入れたうえで）について議論を深める必要があろう。そうした方式で保育コストを計算すれば、おそらくわが国においても認可外施設の職員や臨時職員（経験年数による賃金上昇がほとんどない）の「逸失賃金」はかなりの額に上るのではないか。そうしてはじめて、保育労働をめぐって厳然として存在している諸条件の格差構造をわれわれの側から問題にすることが可能となるだろう。現在の保育単価に含まれている人件費が、ほぼ経験五年程度の保育者を想定してその後の昇給を考慮したものになっていないことも具体的に問題にしていくことができるであろう。

4）競争は保育者の賃金と保育の質の双方を引き下げる

さて、保育の市場化政策は、保育者の賃金間の格差を前提とし、固定化するものであると述べた。しかし、市場化政策が進行するといっそう事態は悪化する。保育者の賃金格差が固定化されたまま、さらに保育者全体に賃金の引き下げが広がるからである。そして、最終的には子どもたちにとっての保育の質が低下する。

保育分野への競争原理の導入・拡大が、保育者の賃金と保育の質にどのような影響をもたらすかについては、すでにアメリカの経験でその答えが出ている。

ミシガン大学のホファースによれば、一九七〇年代半ばと一九九〇年の二つの時点で、アメリカ全体の保育サービスの構造的な質（＝保育条件）を比較すると、いくつかの重要な指標において質の低下が明らかであると次のような数字をあげている。一九九〇年時点の保育の質は、一九七〇年代半ばと比べて、①「スタッフと子どもの比率」が二五％悪化し、②「一グループあたりの子ども数」が一六％増加し、③「教師の一年間の離職率」が一九七〇年代半ばの一五％から一九九〇年一九％へ四ポイント増加した。さらに、④「教師の賃金」は一万四千百八十ドルから一万二千三百九十ドルへと二〇％減少したと。

「スタッフと子どもの比率」「一グループあたりの子ども数」が重要な保育条件であることはいう

までもないが、と同時に保育所全体の保育者の中で一年間の間に離職する者の割合は、アメリカにおいては「子どもが不安定な保育の被害を受ける」ことになるとして保育の質を示すもっとも重要な指標の一つとされている。

それにしてもなぜ、短期間のうちに、重要な保育条件がこれほど著しく低下したのだろうか。ホファースは、こうした結果は、この時期に採用された政府の競争的な保育政策の結果であることは明らかであると次のように述べている。

「一九八〇年代の後半から九〇年代初頭の間に、センター方式の保育プログラムに対する公的補助金は、保育事業者向けのものから親向けのものへと重点が移った。……保育事業者に対する契約に基づく補助金よりも、バウチャーや税控除を通じて親に直接多くの補助金が支給されるようになった。政府から保育センターへの支出は減少し、保育センター収入に占める親の保育料への依存率が高まった。だが、保育料はその期間ほとんど変化しなかった（競争の中で顧客を獲得するために―引用者）。直接補助金が減らされたこの時期、保育センターは保育料を据え置こうとして、一クラスの規模を大きくし、保育者の受け持ち子ども数を増やし、教師の賃金をカットした（その結果、離職率が増加した―引用者）ことは明らかである」と(9)。

ここでホファースが指摘している、認可保育所への政府補助金の削減、親向け補助金（＝バウチャー制度）の導入による企業参入の促進などの競争促進的な施策の数々こそ、わが国の政府が規制緩和の名で進めようとしている政策に他ならない。保育所に対するニーズが増え続けた時期にあっても経営者は利用者減を恐れて保育料の引き上げをしなかったこと、そのため親向け政府補助金の増加は保育の質の向上につながる保育条件の改善にはまったく役立たなかったことなどは、市場化の是非を検討する際に踏まえるべき重要な教訓である。

こうした経験を踏まえて、保育者の年間の離職率や賃金水準は、トータルな保育の質をもっともよく示す指標として用いられることがある。離職率と保育者の賃金とは、相互に密接不可分の関係にあると同時に、受け持ち人数や一クラスの人数、保育者の資格・経験など、いわゆる「構造的質」とも直接的な関係があるからである。重要なことは、「一クラスの児童数」「保育者一人当りの受け持ち人数」、さらには「教師の賃金」などの指標の悪化は、今日本で起こりはじめている事実だという点にある。

5）保育の質は社会的規制と公的補助金の拡充によって確保される

こうした経験を踏まえて前出のヘルバーンらが、保育の質を向上させるには保育政策の転換が必要だとして次のような提言をしていることを一つの出発点として、わが国の保育の質とコストの問題状況を打開する方向を考えてみる必要があるのではないか。

①親が質のよい保育を見分けられるようになるための、また質の低い保育が子どもに及ぼす悪影響についてアメリカ社会の世論に訴えるための、消費者教育に取りかかること。

②質の低い保育をなくす第一歩として、州レベルの保育の基準を引き上げること。

③保育というキャリアに関心をもたない事業者が保育園経営に参入することを促す保育政策を止めること。

④質の高い保育につながる基準のために補助金を支出したり、訓練を受けた専門家を継続的に雇用することを促す補助制度を設けたり、企業主による保育所設置を支援するための補助金を提供したりする方法を使って、（質の高い保育のために直接使われる）公的私的投資を増加させること。

⑤保育労働者が、その専門性にふさわしい訓練を受け、経験を重ね、責任を果たすことができるよう、その所得保障の手段を検討すること[10]。

これらの提言が、市場化推進とはまったく逆に、保育サービスに対する社会的な規制と公的なサポートを強めることでしか、保育の質を高めることはできないという問題意識に貫かれていることは明らかである。政府による基準を高めること、保育という仕事への使命感の薄い企業の参入を奨励しないこと、質向上のために使途が限定された補助金を増加させることなど、公的保育制度の拡充こそが質改善のもっとも近道であることを確認することができよう。

さて、これまで、市場化論は、保育の質を、子どもの発達への権利に対する社会的な保障水準を示すものとしてではなく、利用者としての親の選択と満足を表示するものとして定義することをみた。そうすることによって保育の質を相対化して、問題をいかにして保育サービスの低コスト化を図るかにすりかえてしまう。そして、低コスト化の焦点は人件費コストの削減にあり、保育労働をめぐる賃金格差を利用した低賃金労働の活用にあることを指摘してきた。

こうした状況に対して、「保育労働の正当な対価としての賃金」論からの保育コスト論を具体化する必要があると述べてきた。しかし、それはたんに賃金水準の数値を示すことではあるまい。その前に、保育労働の性質、とくに保育の専門性をどう考えるかが検討されなくてはならない。保育労働の専門性の内実を明示し、世論の承認を得なければならないだろう。そうでなければ、やはり、市場原理にもとづく賃金決定論を乗り越えることができないと思うからである。次章では、保育の質という視点から保育の専門性を考えてみたい。

〈注〉

（1）この報告は、一七自治体の公立保育園一五ヵ園、私立認可保育園一〇ヵ園に関する園毎のデータをもとに作成されている（ただし、認可外施設についてはとくにデータをもとにしていない）。なお、発表後まもなく、財政制度審議会の歳出合理化や財政構造改革のための学習会資料として活用されている。

（2）この報告は、関東近県十都県の市町村毎の認可保育所関係データを使っていて、保育サービスのコストに関する「日本ではじめての本格的で包括的な実証分析」と自負している。ただし、認可外の保育施設については東京の六つの地域における少数のサンプル調査であると断っている。

（3）S.L.Helburn & C.Howes, Child Care Cost and Quality, *The Future of Children*, Vol.6, No.2, Summer / Fall 1996

（4）R.Roupp, J.Travers, F.Glantz & C.Coelen, *Final report of the National Day Care Study* : Children at center : *Summary Findings and their implications*, Abt Books, 1979

（5）参考までにアメリカで「グループサイズ（規模）」や「比率」の最低ラインがどの程度に設定されているか、記しておきたい。アメリカで保育の質の代表的な認証システムを実施している全米幼児教育協会の認証基準（これをクリアしないと認証を受けることができない）（The National Association for the Education of Young Children, Accreditation Criteria, 1998）では以下のものを上回らなければならないとされている。

	規模	比率
○歳	八人	一対四
一歳	十〜十二人	一対四〜一対五
二歳半まで	十二人	一対六
三歳未満	十四人	一対七
三歳〜五歳	二十人	一対十

なお、イギリスの国レベルの最低基準（Department for Education and Employment. Nation Standards for under eight day and childminding, 2001）においては、グループサイズの上限が二十六人以下で、各年齢の「比率」が〇～一歳児一対三、二歳児一対四、三～七歳児一対八と定められている。

（6）S.L.Hofferth, Child Care in the United States Today, The Future of Children, Vol.6, No.2, Summer / Fall 1996

（7）アメリカなどにおける保育条件とプロセスの質との研究においては、一つの条件要素ではなく、複数の条件要素が重なっているとき（たとえば、グループ人数に関する研究からの引用にあるように、「グループ人数」と「保育者の資格・経験」とが重なり合うと）、統計的に有意な水準で、条件とプロセスの質との関連が認められることは多い。いい換えると、「フルコスト分析」のように臨時職員比率や職員配置基準などを単独で取り出して（他の条件要素はコントロールしないままで）比較する場合には、条件とプロセスとの質との関連が見出される可能性はきわめて低い。それゆえ、そういう方法的な問題を考慮に入れると、仮に「顧客満足度」で質を測ることを認めたとしても、条件要素がプロセスの質に影響していないと結論づけることはできないというべきであろう。

（8）（10）S. L. Helburn & C. Howes, Child Care Cost and Quality, The Future Of Children, Vol. 6, No.2, 1996.

（9）S. L. Hofferth, Child Care in the United States Today, The Future of Children, Vol.6, No.2, 1996.

第3章

第三者評価・マニュアル化と保育の質

前2章では市場主義の保育経営論においては、保育が顧客（親）ニーズの充足としてとらえられ、質はその満足度として定義されていることを見た。それに対して、私たちは、保育の質を「保育にかかわる人々の正当な要求と権利」の視点からとらえなくてはならないことを明らかにしたい。

前章の末尾で、「保育労働の正当な対価」としての賃金論・コスト論の構築が必要であり、そのためにはまずもって、保育労働の特質、とくに保育の専門性の内実を明確にする必要があると述べた。その際に、まず検討しなければならないのは、保育におけるマニュアル化の問題である。市場主義の保育経営論においては、マニュアルは保育の質の確保のための必須アイテムとなっている。マニュアル化によって、保育の仕事の基準を明確にすることによって、保育者の経験や専門的訓練の有無にそれほど依存せずに、質の均一性が保たれると主張するのである。

この「保育のマニュアル化」には根本的な矛盾が存在しており、そこに、保育が「保育にかかわる人々の正当な要求と権利」に応えて行われる必要のある営みであることが逆にうきぼりになってくる。そして、保育者の専門性は、保育労働の「権利保障」的性格から要請される不可欠のものであり、マニュアルによっては代替できないものであることを明らかにしたい。

その前にこの間、保育のマニュアル化の推進を後押しすることになった「第三者評価」の問題を論ずることにしたい。

1 保育サービスの評価基準はどのようにつくられたか

～東京都サービス評価システムの保育観を問う

1）「第三者評価」をやるなら一項目にすればいい

厚生労働省が質の向上の取り組みを支援するためにたちあげた「第三者評価事業」では、書類審査と一～二日の訪問調査で、何と五三もの評価項目（たとえば、保育内容については各領域ごとにわずか一つずつの項目しか挙げておらず、それで内容がほんとうに評価できるのか疑問だが、それでも五三の項目に上っている）すべてについて評価を下すことになっている。その一つに、「子どもへの共感的理解」がなされているかどうかを観察してチェックすることになっている。

しかし、そんな多くの評価項目もチェックする中で、わずか数時間の観察もできないようなスケジュールの訪問（保育を観察する時間があまりにも短いことに疑問の声も上がっている）で、共感的関係づくりの複雑さ、奥深さをほんとうにとらえた調査ができるのだろうか。調査する側もあまりにも項目が多くて、手応えのある評価ができないと悩んでいることだろう。

質の向上につながるそういう第三者評価をしようとするなら、たとえば「共感的理解と受容」の一つの項目に絞りこめばいいのではないか。ていねいな調査をして、保育園と訪問調査者が対等な立場でディスカッションできるそういうゆとりをつくったらいいと誰もが思うのではないだろうか。たとえ、一項目でもそれを深めていくことで、保育条件も含めて、保育所の保育の質全体にかかわるさまざまな要素を改善する方向が見えてくるはずである。

しかし「一項目だけの第三者評価」に厚生労働省は賛成しないだろう。その当初からの目的が、保育所ごとに総合評価を下してそれを情報公開して、保育所同士の競争意識を煽りたいという「不純な動機」にあるからである。そのためにはどうしても保育所同士の比較と選択ができるような総合点を出してほしいのだろう。保育サービスに競争原理を持ちこもうとする人たちは、本質的に保育の質に無関心なのではないかと強くいいたい。

2 研究もされていないのに「拙速」ではないのか

公立保育所の人件費の一般財源化問題をきっかけにしてつくられた「保育問題検討会」において「利用契約制度」の導入が検討されたとき、世論から「保育の質」の低下を招くのではないかという強い批判を受けた。「保育の質問題」は、そのもくろみを一頓挫させた重大な要因であると厚生労働省は受け止めたに違いない。

その後、厚生労働省は、次つぎに審議会・研究会を設けて、保育所の第三者評価制度の立ち上げにこぎつけた。

しかし、欧米での保育の質に関する評価システムが、保育の質に関する研究の一定の集積を踏まえて構築されているのに比して、わが国ではその蓄積がほとんどない中でのあまりにも拙速な取り組みではないか。しかも、はじめから、保育条件に関する評価項目は質の要素から除外されている点は重大な問題である。まったく立ち遅れたわが国の児童福祉施設最低基準の改善が大きく遠のくことになるからである。

そもそも「保育の質」の問題は、つねに「保育の効率性」とセットにされて議論されてきている（たとえば、社会福祉基礎構造改革の中間まとめの見出しが「保育の質と効率性」であったことを想起してほしい）。真剣に保育の質をめざした評価制度なのか、それとも契約制度に転換するための地ならしなのか、そういう疑念はいつまでたっても晴れないままである。

だが、スタートしてしまえば、旧態然たる運営の保育所に対して改善刺激になるのではという期待も出されてくる。第三者評価制度をよりよいシステムにしていけばよいとする善意の努力を否定することも難しい。しかし、待ってほしい。研究の蓄積もなく、いかなる根拠から、保育の質を評価する基準がつくられたのだろうか。「中立的で客観的な評価」というのが謳い文句だが、「中立的な」保育観といわれるものの実質はどんなものなのか。それを十分に吟味したうえで、保育の質の評価制度への対応を考えたほうがいいだろう。

3）標準化・マニュアル化のススメ

さて、ここで、東京都が作成した保育サービスの評価基準を取り上げ、その基準がどのようにしてつくられたかを探ってみたい。厚生労働省の第三者評価基準ではなく、東京都のものを取り上げる理由は、保育サービスの標準化・マニュアル化を徹底しようとする意図が明確に表れた評価基準だからである。厚生労働省の評価基準にも、マニュアルの有無によって評価が左右されることが明示されているのもあるが、マニュアル偏重の評価ではないかという批判を意識して、書類やマニュアルに依存した評価を避けるよう指示している。躊躇が読み取れるのである。

それに対して、東京都のものは、保育の内容に関する大項目（「サービス提供のプロセス」という項目名）の中に、「標準的サービス水準の確保」というのが明記されている。それを見てみると「手引書（基準書、手順書、マニュアル等文書化されたもの）」が「作成されているか」「毎年見直しされているか」「活用されているか」「使いやすい場所におかれているか」など、細かくチェック項目が並んでいる。

さらに、平成一五年度に評価を受けた保育所（東京都はいくつかの認可保育所・認証保育所を選んで、都が作成した評価基準に基づく評価事業を行った）に対する改善すべき事項を見ると、大半の園で、マニュアル作成が不十分と指摘されているのである。東京都は、多様な評価基準があることが多様な視点からの評価を可能にするといっているが、このマニュアルの有無・活用状況については、どの評価機関もまるで判で押したかのような同じ指摘になっている。つまり、保育のマニュアル化の徹底化を進めるための評価基準になっているのである（マニュアル化の抱える問題については次節で述べる）。

とはいえ、マニュアル化は徹底されるべきといいながら、同時に「職員はサービス向上を目指し、臨機応変な対応をしているか」という項目があって、標準的サービスを超えた実践を行うことを奨励している。しかし、現場の実態としてはマニュアル化そのもので手一杯であろうし、他方、マニュアルを超えた実践が高く評価されるようすは見られない。おのずとマニュアルの作成と活用状況が評価を大きく左右することになるだろう。第三者評価が保育現場に対してもたらすもっとも大きな影響は、おそらく、マニュアルの作成を促進することにあるだろう。そのマニュアル化の急先鋒である東京都の評価基準をとりあげ、どのようにしてマニュアル化が盛り込まれることになったのかを見ていきたい。

4）利用者満足度を上げることが、質の向上

～東京都の保育サービス評価システムの基本的特徴

さてでは、「標準的サービス水準の確保」という評価項目はなぜ、これだけ重視されるようになったのであろうか。

表1　利用者調査共通評価項目

保育所（認可保育所・認証保育所）	
共通評価項目	
入園・保育園運営方針	保育園運営の基本的な考え方（理念・方針）には納得していますか
	日頃の保育サービスは、職員の行動等により保育園運営の基本的な考え方（理念・方針）と一致していますか
	行事等を通して、地域住民との交流を図っていると思いますか
施設環境	お子さんが生活するところは落ち着いて過ごせる雰囲気ですか
	お子さんの発育や意欲を促すような遊具・玩具が十分に用意されていますか
	外部からの侵入に対して安全な対策がとられていますか
毎日の保育サービス	登園時に、お子さんの様子についての把握・確認がありますか
	食事（給食）のメニューは充実していますか
	散歩等で戸外に出る機会は多いですか
	お子さんの発達に合わせた豊かな感性を育む活動・遊び等が行われていますか
	担当保育士はお子さんの良い所や個性を認めていますか
	保育士や他の職員の保育姿勢や対応はだいたい同じ（ばらつきが少ない）ですか
	お迎え時に、お子さんの様子について話がありますか
	お迎え時にお子さんが満たされた表情をしていることが多いですか
	開園時間内であれば、保護者の急な残業や不定期な業務への対応は柔軟ですか（降園時間など）
	保育中の発熱など病気への対応は適切ですか
	保育園で起きた事故・けがに対して、責任を持って対応していますか
保護者の方の保育園との関わりや交流	保育園からのたよりやその他の方法で、日々のお子さんの様子や気持ちを知ることができますか
	子育てに関する気がかりな点や悩み等について、気軽に個別相談できますか
	保護者のいろいろな価値観に理解を示していますか
	保護者が参加しやすいように行事日程が配慮されていますか
要望・意見やいやな思い・トラブルへの対応	いやな思いやトラブルへの対応は的確ですか
	お子さんや保護者の要望・意見をもとに、改善が行われていますか

その前に、話が前後するが、東京都が、「東京都福祉サービス評価推進機構」を設立してたちあげた、保育所の第三者評価事業の概要を見ておきたい。その評価システムは大きく二つの柱からなっている。利用者の満足度を調査するための「利用者調査」と、「提供されているサービスの内容や質、経営や組織マネジメントの力」を評価する「事

表２　事業評価共通評価項目

保育所（認可保育所・認証保育所）

共通評価項目	共通評価項目を評価する上で確認すべき項目
１　リーダーシップと意思決定	①　理念・ビジョンの作成と周知
	②　経営・運営幹部の率先と統率
	③　適切なプロセスによる意思決定
２　経営における社会的責任	①　守るべき法・倫理等の徹底
	②　事業の継続性
３　利用者の意向・満足状況、経営環境、市場動向等の把握	①　利用者の意向・満足状況の把握
	②　経営環境、市場動向等の情報収集
	③　上記情報に基づく的確な状況把握
４　改善課題の設定と取り組み	①　改善課題の設定
	②　改善課題の周知と実現に向けた取り組み
	③　改善の効率と効果の向上
	④　中長期計画、年度計画の作成と実績評価
５　職員と組織の能力向上	①　理念やビジョンに適合した人材構成
	②　職員の個人別・計画的な能力開発
	③　柔軟な組織編成と業務分担
	④　職員満足の要因把握と支援
６　サービス提供のプロセス	別紙のとおり
サービス情報の提供・案内	
サービス開始時の対応	
標準的サービス水準の確保	
個別対応の重視	
サービスの実施	
子どもの発達を促すための支援が行われている	
栄養バランスに考慮した上で、おいしい食事を出している	
園内の生活は、子どもたちにとって楽しく快適なものになっている	
プライバシーの保護やさまざまな人権に対する配慮が徹底している（虐待の発見や取り組みを含む）	
園と家庭の交流・連携が緊密に行われている	
特別保育等保護者の多様なニーズに対応している	
安全管理	
要望・苦情・トラブルへの適切な対応	
地域との交流・連携	
７　情報の共有化と活用	①　事業所内外の情報収集と開示
	②　改善への情報の活用
８　１～７に関する活動成果	①　リーダーシップと社会的責任の成果
	②　職員と組織の能力向上の成果
	③　サービス提供のプロセスの成果
	④　経営指標における成果
	⑤　利用者の満足度および要望や苦情への対応の成果

表3　事業評価共通評価項目（6　サービス提供のプロセス）確認項目
保育所（認可保育所・認証保育所）

共通評価項目	共通評価項目を評価する上で確認すべき項目
①サービス情報の提供・案内	将来の利用者が関心のある事項について分かりやすく情報を提供している
	利用希望者の問い合わせや見学に対応している
②サービス開始時の対応	利用予定者にはサービス内容を分かりやすく説明している
	入園当初の環境変化に順応できるよう支援している
③標準的サービス水準の確保	日常生活に関する職員の対応について、手引書（基準書、手順書、マニュアル等文書化されたもの）が作成されている
	手引書活用やその他の取り組みにより、標準的なサービス水準確保のための実践がされている
	園全体の保育の基本計画を定めた保育計画に基づいて計画的に運営されている
	職員は、サービス向上を目指し、臨機応変に対応している
④個別対応の重視	子どもや保護者の個別事情や要望を把握している
	子ども別のサービス計画は保護者と関係職員の意見を取り入れて作成している
	一人ひとりの子どもの情報が担当職員の間で共有化され、活用されている
⑤サービスの実施	子どもの発達を促すための支援が行われている
	栄養バランスを考慮した上で、おいしい食事を出している
	園内の生活は、子どもたちにとって楽しく快適なものになっている
	プライバシーの保護やさまざまな人権に対する配慮が徹底している（虐待の発見への取り組みを含む）
	園と家庭との交流・連携が緊密に行われている
	特別保育等保護者の多様なニーズに対応している
⑥安全管理	感染症、発作、食中毒、けが等に関するリスクに対する対応を十分に行っている
	火災、地震、外部からの侵入等の災害に対する対応を十分に行っている
⑦要望・苦情・トラブルへの適切な対応	保護者が意見や要望を表明し、苦情を訴えやすい仕組みができている
	要望や苦情および日常のトラブルには適切かつ迅速に対応する仕組みができている
⑧地域との交流・連携	地域の一員としての相互交流を深めている
	保育所として、その機能、特性を生かした地域との交流を図っている

業評価」である。表1は「利用者調査」の項目、表2は「事業評価」の確認項目、表3は表2の事業評価のうち「6　サービス提供のプロセス」に関する具体的項目である。

これらの評価基準項目のもっとも大きな特徴は、保育サービスの質が「利用者の満足度」としてとらえられている点である。

表2の「事業評価」の項目全体を見渡すと、経営にかかわる項目が多くなっていることが一目瞭然だが、そのなかで「3—①利用者の意向・満足状況の把握」は特別に重要な意味をもっている。この項目については、「経営改善のプロセスとして、提供しているサービスについての利用者の意向・満足状況を把握する仕組みがあり、機能しているか」がチェックされることになっている。具体的にいえば、利用者の満足度が高まるように経営戦略を立てることが望ましい経営のあり方だというのである。

「利用者の満足度」が質を測る唯一のバロメーターという考え方でいいのかどうか、「保育の条件」を切り離して顧客の満足度のみで質を評価する問題点については、すでに第2章で論じたとおりである。しかしここでは、まずは、親の満足度を測れば、子どもの視点から見た満足度も代弁してくれるであろうという、大雑把なつかみ方でよしとしておこう。シンプルなやり方で満足度を測り、その満足度が低いところを上げることが保育の改善につながるという立場をひとまず肯定しておこう。

5）満足度が低いのは「日頃のコミュニケーション」と「保育者による対応のばらつき」

もう一度話しを戻そう。

なぜ、保育サービスのマニュアル化を促進する評価項目が大きな柱の一つに据えられているのか。

それは、マニュアル化されていないために、利用者である親の満足度が低くなっているからというのである。

今、ここに、品川区の保育園利用者の親約千六百名を対象にして、自園の保育についての満足度を聞いた調査報告書がある。東京都の保育サービスの評価事業がはじまったのが平成十五年度だが、この調査は、その二年ほど前にいわば本番前の予備調査、試行的な調査としてなされたものである。先ほど述べたように、利用者の満足度を向上させることが質の向上につながるというのが基本的方針であるだけに、この予備的な調査の結果は東京都の評価項目を確定するうえで大きな影響を与えたことは疑いないところである。

さて、この調査の全体設計は次のようになっている。まず、「総合満足度」を聞く。満足度を上昇させるのが、サービス向上のキーポイントとなるのはいうまでもない。そして、総合満足度にどのような要素が強く影響しているかを見るために、大きく六つの領域（「入園・保育園運営方針」「施設・環境」「毎日の保育」「保育園とのかかわりや交流」「保護者の保育園とのかかわりや交流」「要望やトラブルへの対応」）についての満足度を聞く（これらは「プロセス別満足度」と名づけられている）。さらに、これら六つの「プロセス別満足度」にどのような要素が影響しているかを、細かく聞く項目が並んでいる（これらは「接点評価」と呼ばれている）。

分析結果によると、総合満足度は全体として非常に高い。そして、総合満足度にもっとも大きな影響を与えているのは、「毎日の保育」領域に関する満足度であるが、それも全体としてきわめて高い水準にある（「たいへん満足」＋「満足」＋「どちらかといえば満足」をあわせて七六・三％）。「毎日の保育」に関してさらに細かく二〇項目が挙げられて、それぞれについての接点評価を見ている。その接点評価項目の大半が八五％以上の高い満足度を示しているが、そのなかで相対的に評価が低かったものを低い順に挙げると、「保育士や他の職員の保育姿勢や対応にばらつきが少ない」（五九・二％）、「お迎え時には、子どものようすを話してくれる」（六二・六％）、「登園時には、子どものようすを把握しようとしてくれる」（七一・五％）、「散歩などで戸外に出る機会が多い」（七八・八％）となっている。

こうした結果を受けて、この報告書は、保育の実践・内容に直接かかわる「保育サービス向上の課題」として、「積極的な保護者とのコミュニケーション機会づくり」と「均一的な保育サービスを提供できる仕組みづくり」の二つを導き出している。

前者について、報告書は次のように述べている。「更なる満足度の向上のためには……もっとも重要な事柄としては、保護者とのコミュニケーションを質の面で緊密化すること」が必要であり、「たとえば毎日の保護者の送迎時では……その日一日の子どものようすを話すという点がやや欠けていると思われることから、保護者は自分が子どもと接していない時間のことを知り、安心を得たいのではないかと思われる」。この指摘はもっともであるが、話の「質」の問題としてしかとらえず、親とじっくり話をするための時間や配置上のゆとりについて言及がないのは問題があると思える。

6）「保育者間のばらつき」への不満はマニュアルで解消できるか

さて、二つ目の「保育者間のばらつき」の問題が、ここでは重要である。親は、保育者の保育に対する姿勢や対応にばらつきがないかという質問に対して、六割しか満足していない。

報告書はこうアドバイスする。「技術も情報も平準化（属人的なスキルに頼っていないか、再度チェックを）」すべきであり、「保育を実践する〝人〟にばらつきをなくし、一定の質を保ったサービスを提供することが求められる」と。ここから、先に見た「標準的サービス水準の確保」という評価項目を設けることが正当化されたのである。もちろん、マニュアルをつくることによって、臨時職員や契約社員のような短期的臨時的雇用の保育者が増えることに対応していけばよいという思惑があったのかもしれないが、基本的には、この「ばらつきがあるかないか」項目に対する満足度が、全体の満足度に大きな影響を与えており、かつ現状の評価においてはもっとも低い事項になっていることを重く受け止めた結果と見るべきであろう。

ここで考えてみる必要があるのは、利用者＝親は、ほんとうに保育サービスのマニュアルづくりを徹底することを求めているのかという点である。「保育士の姿勢や対応にばらつきがある」という際の「ばらつき」とは何を指しているのであろうか。毎日のカリキュラムが細かく決まっていて、食事、排泄、着替え、昼寝など日常生活の手順が文書化されていることで、「ばらつき」への不満が解消されるだろうか。

この報告書の中では、親は、「保育士が子どものよいところや個性を認めてくれている」（九二・五％）や「保育士が個々の性格や発達に応じた働きかけをしている」（八九・三％）ことに高い満足感を示している。この結果を見れば、園の保育士がまったく同じような対応を繰り返していることよりも、むしろそれぞれの持ち味や個性を生かした保育をしてくれることを支持するであろう。そして、子ども一人ひとりによって、保育の仕方や働きかけを臨機応変に変えることを望んでいるのである。どうしても、マニュアルの徹底化を求めているとは思いがたいのである。また、東京都みずからも先に見たようにマニュアルに基づいて保育をするだけでなく、「それを超える臨機応変な保育」を推奨している。「マニュアルを外れた対応」をしなければならないと保育者が判断したときには親は、大きな「ばらつき」を感じることも避けられないであろう。

そういうときに親が求めているのは、なぜちがった対応なのか、現象的には保育のスタイルがちがっていても、その基本的な保育観がちがっていないのか、そのあたりをよくわかるように説明してほしいということではなかろうか。

それゆえ、「ばらつき」についての親の不満足というのは、保育のマニュアル化や均一化の文脈で読むべきではない。そうではなくて、子どもの見方、育て方やかかわり方について、保育園との間でもっと「交流したい」という要求としてみるべきなのではないだろうか。改善事項の一番目に挙げられている「保護者とのコミュニケーションの質の緊密化」によって解決していくべき問題と押さえるべきであろう。

7）満足度に大きく影響する「保護者会の有無」

ここで、この予備調査のなかの「保護者の保育園とのかかわりや交流」に関する満足度がどうなっているか、という点に目を転じてみたい。

「かかわり・交流」領域に関するプロセス別満足度は五六・七％と、「毎日の保育」に比べるとかなり低い。そして注目すべきは、「保護者会などを通じて、保育園での生活などの意見交換ができる」という項目に関する接点評価は六二・七％と非常に低い。接点評価の全項目の中で、「要望やトラブルへの対応」に関する接点評価を除いて（これらはおのずと評価が低くなるのは当然である）、最下位水準に属する（なお、プロセス別満足度は七段階評価であり、接点評価は二択なので、％の数値レベルは後者が高く出ることに注意されたい）。しかも重要なことは、保護者会があることを評価している回答者は、「園と保護者とのかかわり・交流」についてのプロセス別満足度が高くなる傾向がはっきりしているという点である。

つまり、保護者は、保護者会のような形での交流、お互いが子育てに悩んだり疲れたりしている者同士としての対等な交流を望んでいるのである。保育・子育てはこうでなければならないと上から「指導」されたりするのではなく、それぞれの事情の中で多様な生き方や子育てをしていることを認めながら、知恵や愚痴を出し合える場を求めている。こうした点をみても、マニュアル化して標準化するというのは、ただでさえ不安やプレッシャーの中で揺らいでいる親たちに対して、一見安心を与えるかのようでいて、じつは堅苦しい杓子定規の子育て観を広げてしまう危険をもっている。親はマニュアル化ではなく、なかまとの交流を求めているのである。

8）なぜ、保護者会に関する評価項目がないのか

しかしながら、驚くべきことに、「保護者会の有無」については、正式に決定・作成された「利用者調査票」（前出表1）にはこの項目はないのである！　満足度重視を大方針にしている東京都は、なぜ、これを取り上げなかったのか。その理由を直接的に知ることができる資料はもちあわせていない。しかしおそらく、ここに、この評価項目をつくった人たちの保育観の特徴がくっきりとうかがえると思われるのである。

保護者会があると、行政に対して要望を出したり、これから進めようとしている「民営化」や「市場化」に対して予想される反対運動のよりどころになったりしては困るという、いわば「政治的理由」がおそらく直接的な理由と推量できる。しかし、もっと基本的な保育観のところでの問題を私は感じる。

繰り返しになるが、親は、保育園が、親と親、親と保育者との交流と学びあいの場となることを

心から願っている。わが子の子育てを納得しながらやっていきたいので、保育所はもっと子どものことを知らせてほしい、親の考えを理解してほしいと思っている。と同時に、自分自身も、保育園から学びたい、親とも交流して学びたい、それも、お仕着せではない対等な交流を求めている。そして必要があれば、保育園の経営や条件改善にも力を貸したいと考えている。そういう点で改善すべき点は保育園側からのコミュニケーションにもあるが、同時に、朝夕、大人が出会う時間にもっとゆっくりと話ができるような保育体制、保育条件の改善は緊急の課題となっている。私は、このように読むべきだと考える。

しかし、東京都はそうは考えなかった。コミュニケーションの質は改善すべきだといいながら、保護者会はいらないというのは、親にとって保育園が、出会いとふれあい、交流と学びあいの場となることを期待していないということになるのではないか。

なぜ、そうなってしまうのか。結論だけを急いでしまうが、それは、親を「顧客」と見ているからだ。通常の商品、サービスにおいて提供する側とされる側は、その場限りの付き合いである。そのときのコミュニケーションが勝負である。だから、要望や苦情には迅速な対応が求められる。そのとき、マニュアルによって標準サービスが提供されていることを明示できれば、対応は簡明になる。親は、保育サービスの消費者で、通り過ぎていく存在と見ているに違いない。

しかし、親の真実の姿は、お客ではない。苦情もいうが、保育園、保育者の保育からよい意味で影響を受ける。保護者会があれば、その中で自分の子育てを振り返り、考えを変えることもある。

子育てのパートナーとして、交流と学び合いが展開される空間こそが、親が、そして私たちが求める保育園なのだ。

東京都の保育サービス評価基準は、このようにして、親をお客と見る視点、いい換えると保育園を消費の場として見る保育観に基づいてつくられたものなのである。マニュアルも、お客対策用なのである。保育サービスの評価を客観的に、中立的に行うというのは一つの「望まれる姿勢」ではあるが、現実には、検証を受けていない恣意的な保育観に基づいて行われているのだ。

② マニュアル化と「保育の質」

1）効率性と「質」の両立策としての「マニュアル化」

市場原理と効率性を至上命題とする保育園経営は、保育条件の改善を求めることなく、しかも正規職員は全体の三割程度に抑えて、どのようにして保育の質を確保しようというのであろうか。そのもっとも有力な手段として期待されているのは、保育者の仕事を徹底して「マニュアル化」することである。

「当園の長時間保育や職員の交代勤務あるいは緊急時の対応を考えた場合に、どうしてもマニュアルの統一化と標準化を図り、項目ごとの整備が急がれる。職員には常勤と非常勤職員がおり、いつまでもベテラン職員の『経験』や『勘』および『あんちょこ』に頼るわけにはいかない。当園としての標準的サービス水準確保のためにも標準手順書としての各種マニュアルの整備が急がれる。」(1)

これは、東京都の第三者評価事業の評価結果の一節である。前述したように、国に先駆けて始まった東京都の第三者評価においては、保育園経営の効率化の促進が目的の一つとされるとともに、「事業所としての標準的サービス水準確保」が保育内容評価の柱の一つとして重視され、日常的な保育活動の徹底したマニュアル化が推奨されている。いまや、徹底したマニュアル化が自治体主導ですすめられようとしているのである。

2）保育者の能力主義的「序列化」

保育のマニュアル化が経営の効率化とどのように結びついているかを明瞭に示しているのが、日本経営者団体連盟・社会福祉懇談会による『選ばれる保育所の人事システム―人事考課・賃金制度・人材育成』（一九九九年）である。[2]

この書はその冒頭で、「規制緩和と自由競争」の時代においては「質のよいサービスを安く提供する」ことによって、「選ばれる保育所」になることが保育園経営の中心課題であると述べている。保育サービスの市場化を必至と見て、人事管理に一般企業のノウハウを積極的に取り入れて、人件費コストを抑制しつつしかも「質のよい保育を提供する」新たな人事システムを提案している。その柱は三つある。

第一は、年齢給に代わる職務給・能力給の導入である。保育者は、その能力に応じて一級から四級に分けられ、それぞれの職務内容には差異・区別が設けられている（もっとも上級に位置づく四

表４　保育職務基準書（３歳以上児）

施設

課　業	内　容			知識・技能 資格・免許	修得方法 研修・講習 通信教育、 ＯＪＴ	資　料 教　本 マニュアル
	１等級	２等級	３等級			
体育道具を使ってゲーム遊びができる（ドッジボール、サッカー）	①３歳児以上児が楽しめる体育遊具を使い ②子どもと一緒に安全に楽しく遊べる。	①安全面に配慮して ②ルールを教え ③遊具の組み合わせをし ④子どもが身体をしっかり動かして遊べるようにできる。	①一人ひとりの子どもの動きを把握しながら ②安全面に配慮して ③試合の審判をし ④遊びが円滑にできるように介助、援助をする。	子どもの発達の知識 遊具の扱い方と遊び方の知識 危険予知の知識	ＯＪＴ 幼児体育研究セミナー	保育とカリキュラム 幼児と保育
ごっこ遊びをする（社会性の育成）	①それぞれの役になりきって ②言葉をハッキリ話し ③子どもと一緒に遊ぶことができる。 ④挨拶することを教えられる。	①ごっこ遊びの中で ②言葉のやり取り、 ③友達や保育者の関わりを ④しっかり持てるように援助でき ⑤挨拶することを教えられる。	①全体の子どもの状況を把握し ②子ども同士が上手く関われるように援助する。 ③遊びの中での興味、関心の様子を見ながら ④遊びの追加、削除に臨機応変に対処することができる。	ごっこ遊びの種類と遊び方の知識 子どもの発達の知識 歌唱力	ＯＪＴ	保育とカリキュラム 幼児と保育

級の保育者は、保育計画の作成を基本的職務としており、一〜三級の保育者が実際に保育に当たる。表４参照）。昇給は、等級の上昇によってなされるものであって、同じ職務等級にある限り、年齢による加給はごく低く抑えられてい

る。上級の保育者はごく少人数に抑え、下位の職務等級の保育者を多く使用することによって、給与総額を抑制すること、これが効率的経営の意味するところである。

第二の柱は能力主義に基づく人事考課制度である。保育者は、職務遂行状況を常時上位の保育者からチェックされ、一年ごとにその能力・意欲を評価される。その結果によって、昇級や昇給の可否が審査される。このような能力主義的な昇給・評価制度のもとで、保育者の能力向上への意欲を効果的に高めることができるとしている。

3）保育のマニュアル化の徹底

そして第三の柱が保育のマニュアル化である。保育者の仕事について、広範囲にわたって詳細なマニュアルを作成し、それによって、経験の多寡に左右されないで「保育の質」を維持・向上しようというのである。

まず、それぞれの等級ごとに保育者の仕事内容が細かく記述された「職務基準書」が作成される。その内容は、電話応対などの接客マナーからはじまり、保護者との連携、排泄・午睡の介助、さらには年齢別の遊びまで、保育のすべての領域にわたっている。ここでは三歳以上児の体育遊びとごっこ遊びに関する箇所を資料として掲げた（表４）。

これを見てみると、一級の保育者は（身体を動かしたり役になりきることで）子どもと一緒に遊ぶことが基本的職務であり、二級の保育者にはルールや友だちとの言葉のやりとりを教えることが、三級の保育者には試合形式で円滑に遊べたり、子ども同士がうまくかかわって遊べるようになることがそれぞれ職務に加えられている。ここには、子どもの能力発達の目標とその達成にいたるプロセスが簡潔に描かれ、そのプロセスを促すための保育者の主な役割が提示されている。そして、その役割遂行に必要な知識・技能、資料・マニュアルが明示されている。

保育者はこの「職務基準書」に規定された職務内容を遂行するために、研修を受け、マニュアルや教本に指示してある指導方法をマスターしなければならない。そして、職務基準書にしたがって、一段上位の職務を遂行する技能を身につけることによって、保育者は昇格昇給の資格を得ることができる。

4）保育サービスの「規格化」「標準化」
～マニュアル化のメリット

さて、マニュアル化の徹底は、経験の浅い保育者を増やすことを可能にし、人件費コストを抑えるために導入される。しかし「マニュアル化」は、これまでの保育者個々人の経験や勘、あるいは園の慣習に頼る保育実践のあり方に対する批判と克服をめざすものであり、サービスの「標準化」を達成するための手段である。

「マニュアル化」のメリットとされているのは、まず第一にすべての保育者の行動が「均一化」

「規格化」される点にある。

四級の保育者が作成した保育計画に基づいて、その日、その時間に行われるべき主要な活動が定められていて、保育者の仕事は計画と基準書によってあらかじめ指示された職務をこなすことになる。経験の浅い保育者でも実行可能なように、行動の目標と手順が一つひとつ示される。それによって、ファーストフードのハンバーガーがどこの店でも同じ味であるのと同じように、保育者によるばらつきが最小化される。いかなる保育者が担当しても同じ保育サービスが展開される「均一性」が重視されているのである。

その反面、保育者は「規格」に忠実に従うことが要求される。「あす、何をするか」に悩まされることは少なくなるだろうが、保育者の能力や個性の自由な発揮は大きく制限されざるをえない。

第二に、マニュアル化の導入によって、実践の理論化・体系化が可能になるという点に期待が寄せられている。

保育計画・職務基準書・マニュアルなどは、多くの場合、発達理論など権威ある理論をベースにしたり、経験豊かな保育者の実践事例やポピュラーな保育誌からアイディアを借りてつくられる。保育者の長年の経験や勘、園の慣習や伝統、季節や個性などに依拠する保育実践は、なぜその活動を行うのか、その科学的で客観的な根拠を明確に説明することが難しい場合がある。それに対して、権威ある理論に基づき体系化されているという点で保育サービスは「標準的水準」を確保しており、その根拠が明確であるという意味で「説明責任」も果たすことができる。

　このように保育のマニュアル化は、人件費抑制を可能にするだけでなく、保育実践の「規格化」と「標準化」という意味での「質」を高めることが期待されているのである。しかし、「規格化・標準化」には本質的な矛盾が含まれている。

3 保育の規格化・標準化がかかえる矛盾

1）もっとも洗練されたマニュアル化の経験

マニュアル化の問題はさまざまな視点から論ずることが可能であるが、ここでは、保育のマニュアル化にもっとも力を入れてきたアメリカの幼児教育の経験をもとに、マニュアル化に内在化している基本的な問題点を二点指摘しておきたい。

アメリカの教育全般においてマニュアルが重用されているというだけでなく、幼児教育の世界においてはとりわけ大きなエネルギーが保育のマニュアル化に注がれてきた。マニュアルづくりが本格的に進展したのは、一九六〇年代後半から開始された、低所得階層の家庭とその子どもたちに対して無償の幼児教育を提供するためのヘッドスタート・プロジェクトがきっかけであった。

全国で幼児教育を展開するために多くの保育者が必要となったが、専門的な訓練を受けた保育者が圧倒的に不足していた。そのため、訓練や経験の浅い保育者にも実施可能になるよう、教材やマニュアルがパッケージされた保育カリキュラムの開発が急務となった。当時の最新の発達理論に基づいて、多くの研究者も参加して「カリキュラム」の開発が全国規模で取り組まれ、大きな投資がなされた。伝統的な遊び中心のカリキュラムではなく、モンテッソーリ、ピアジェ、行動主義など、先端の発達理論をベースにした新しい「カリキュラムモデル」が次つぎに生まれた。さらに、プログラムが子どもの知的発達に及ぼした教育効果が測定され、カリキュラム相互にその効果の度合いが比較検討された。

アメリカは、世界でもっとも洗練された保育のマニュアル化を進めた国といってよいと思われる。その「カリキュラムモデル」の歴史的検討を加えた著書の中で、ゴフィンは、理論をベースにすることで理想的な保育がどこの保育施設においても、いかなる保育者によっても再現・模倣が可能だとする、(マニュアル化が前提としている)考え方自体が、今日多いに疑われるようになっていると述べている。[3]

そこでさまざまな問題が指摘されているが、中でも根本的だと思われる二つの問題がある。

2) 保育は子どもとともにつくるもの

一つ目の問題は、保育のマニュアル化において、保育の中で子どもが果たす決定的な役割が見落とされていたという点である。

ゴフィンによれば、さまざまな発達理論に基づくいろいろなタイプのカリキュラムの教育効果が、子どもの発達の追跡研究という形で比較検討されてきたが、そのもっとも重要な結論の一つは、「どの子にも当てはまる」もっとも効果的なカリキュラム、すなわち「ベストカリキュラム」は存在しないということであった。具体的には、同じカリキュラムであっても、子どもの家庭環境によって、あるいは子どもの性別によって、知的発達を促す効果が異なることが近年のデータによって明白になりつつある。

カリキュラムが用意する環境や保育者の働きかけそのものではなく、それらに対する子どもの反応行動の質（たとえば活動への集中度や持続度など）がその後の子どもの発達をもっともよく予測させる指標であることが明らかにされている。いい換えると、たとえば反復練習による言葉の修得を重視するカリキュラムと、それとは対照的に子どもの自発的な活動の中に教育的機会をとらえようとするカリキュラムのいずれが効果的であるかをクラスや園単位で比較するのはあまり意味のないことであって、それぞれの子どもの要求や特性（あるいはその家庭的文化的な背景も含めて）にマッチしたカリキュラムがもっとも効果があるということである。

こうした結果は、すべての子どもに当てはまる適切なカリキュラムは存在せず、一人ひとりの状況に応じて保育する必要があるということを示している。しかしながら、マニュアル化された保育においては、そうした対応はきわめてむずかしいものであると、ゴフィンは指摘している。

なぜなら、保育者は、そのカリキュラムやマニュアルが指示する活動を、その時期の子どもの発達の「標準的で典型的な姿」としてとらえ、子どもをその期待される行動に近づけようと働きかける傾向が強くなる。その結果、「子どもが自分自身で自分の歴史をつくる力、自分にとって重要で意味のあるやり方で行動を起こす力」が子どもたちから奪われていくと批判している。

ひとことでいって、保育のマニュアル化は、子どもの発達を大きく左右する子ども自身の力・エネルギーを引き出し、汲み取る点において大きな限界をもっているというのが、アメリカにおける保育カリキュラム比較研究の一つの到達点であるといってよいであろう。

3）規格化と専門化の矛盾

さて、マニュアル化のもう一つの問題は、保育者の専門的能力の低下という問題である。

アメリカの幼児教育界のリーダーの一人であるカッツは、保育のマニュアル化（＝カリキュラムモデルの普及）が保育界にもたらした功罪について、次のように述べている。

カリキュラムモデルの利点は、「保育実践の規格化」によって、保育の「質の幅を小さくし、その最低ラインを引き上げることができる」点にあるとする一方、「実践の具体的な状況に応じる保育者自身の判断力の成長と鍛練の機会が抑制される」という欠陥を持っていると批判している。保育実践の規格化と保育者の専門性の向上とが両立しない点を、カッツは、マニュアル化の本質的ジレンマであるとしている。(4)

子どもの状況に応じて保育の内容や方法を選択する保育者の判断力が、子どもの発達保障にとってきわめて大きな意味を持つというのがカリキュラムの効果比較の結論であったことを踏まえると、マニュアル化が保育者の専門性＝「実践的な状況に応じた判断力」を低下させるというカッツの指摘は重要である。そして付言すれば、マニュアル化は、保育者から「判断（とその鍛練）の機会」を奪うものであると同時に、おそらく「仕事を継続する意欲」も奪う（すなわち離職率の高さ）ことによって、専門的能力の向上を阻むものとなっている（マニュアル化が徹底したファーストフードレストランの離職率は、年間三〇〇％に上るといわれている。前章で指摘した保育者の離職率が、プロセスの質のもっとも強力な指標となっているということの意味合いはこうした文脈からとらえる必要がある）。

4 倫理的ジレンマと保育者の専門性

1）「倫理的ジレンマ」とは何か

～保育者の専門性が問われるとき

保育者の「判断力」は、その専門性の中心要素である。それは、子どもの状況に応じた実践を展開するうえで不可欠なものであるだけでなく、保育が、「人間の正当な要求と権利」にこたえてなされるものだという性質から要請されるものである。マニュアルは、達成すべき目標が一つに限定され、その達成手段が明確であるとき、きわめて有効なものとなる。しかしその反対に、目標が複数あって互いに対立しているとき、方法が複数あって選択に迷うとき、マニュアルは多くの場合無力である。

そして、保育という営みにおいては、目標が対立していたり、手段の選択に迷ったりするのが日常茶飯事である。それは子どもとその家族のさまざまな要求が相互に対立したり、あるいは個人によってニーズが多様で異なっているために生じるものであって、多様な人々が集う保育園においてはさけることのできない事態である。

たとえば、次のような事例にあって、保育者はどのように対応すべきであろうか。(5)

「四歳の男児ティモシーは夜十時すぎまで起きているために、母親から、担任の保育者キムに対して、お昼寝をさせないように要望があった。母親は仕事に行くために朝五時には起きなくてはならない。息子が遅くまで起きているために十分な睡眠がとれないのである。その子は、毎日少なくとも一時間は昼寝をしており、一日の生活を元気に過ごすためには昼寝が必要であるように見える。

ここにはジレンマがある。もしキムがティモシーを起こしておいたら、特別扱いをしたことを理由に彼は他の子どもたちから拒否されるかもしれない。あるいは他の子どもの昼寝の妨げになるかもしれない。例外を認めてしまえば、十分な睡眠をとるという課題を子どもたちに達成させるのに今後問題が生じることになろう。

他方、キムは、母親との関係をまずくしたくはないし、保育園の退園などトラブルになることもさけたい。キムは家族の生活を支援したいと考えているし、母親の意向を考慮しなくてはならないと考えている。母親は息子のことをよく知っているし、もちろん自分自身の状況はそれ以上によくわかっているはずである。しかしながら、ティモシーに昼寝をさせないでおいた方がいいのかどうか、保育者キムの悩みは深い。」

家族の生活と就労の実態から生まれた母親のニーズと、子どもの健康な生活と良好な人間関係への権利、他の子どもたちの睡眠の要求など、いずれも正当な要求や権利であるが、それらをただちにすべて満たすのは困難であろう。

「もっとも適切な行動とは何かという点について多様な見解があるとき、あるいは最善の方法や（権利の視点から見て）理にかなった方法が明確でない状況」、これを「倫理的なジレンマ（板ばさみ）」という。このように保育園にかかわる人たちの間での要求の対立があり調整を必要とする事態のなかで、保育者はたくさんの「倫理的ジレンマ」を抱えている。

2）「倫理的ジレンマ」への対応方法

さて、この種の事態は、関係するさまざまな人びとの正当な要求と権利の交錯から生まれるものであり、その要求と権利実現の担い手である保育施設においては避けることができない。

しかしながら、このような事態に対して「顧客ニーズの充足」としての保育論は、答えを用意できないように思われる。「誰が顧客なのか」「いずれのニーズを優先するのか」という問いに対する答えを、「顧客ニーズ」論そのものから引出すことができないからである。

とすると、顧客ニーズの充足とは異なる視点から対処方法を考えざるをえないだろう。どのような対処がありうるか。対処の仕方は問題の性質をどうとらえるかによっていくつかのパターンがありうるだろう。

一つは、「個人的な問題」としての対処である。保育者が誰の要求・気持ちを大事にしたいかという、個人的感情や主観の問題として扱うやり方であるが、そうした対応は公平さを保てるか、一般的に保育者としてどうあるべきかという問いに答えるものではないという点で、大きな限界がある。

二つ目は、「法律問題」として扱うやり方である。たとえば、園と親との契約内容からみて親の要望に答える義務があるのかどうか、親の第一次的養育権や教育権の中に「昼寝をさせない」要求が含まれると判断できるかどうか、あるいはまた保育者が昼寝をさせないことが虐待やネグレクトに該当するかどうかなど、関連する法律にその答えを求めることもあるだろう。対応する法律が明確に存在すればジレンマは疑いの余地なく解決されるが、法律が解決方向を明確に示しているような場合は少ない。

そこで第三の対応として、「就業上、職務上の問題」としてとらえ、園の経営者や上司に判断を仰ぎ、その指示命令にしたがって対応するというやり方になるだろう。職務が上司から指示され常時評価されている「効率経営の保育園」の保育者は、このような対応にならざるをえないだろう。

上司の判断と自らの考え方が一致していれば、そしてその線で相手の合意が得られればこのような対応はうまくいくかもしれない。しかし、一致しないとき、どうなるだろう。納得できない対応をしなければならないときの保育者自身のストレスはきわめて大きい。しかも、それが思うような結果が出なかったときには、保育者に責任が突きつけられる。極端な場合、子どもの要求が後回しにされることになってしまったら、保育者は良心の呵責にさいなまれる。職務命令に保育者が納得できない場合に、きわめて大きな問題になるのである。

3）保育者の倫理的責任と専門性

さて、法律によることができず、上司の命令にもゆだねることができないとすれば、保育者は、個人の感情・主観によるのではなく専門家としての立場からの自ら納得できる判断を下さなくてはならない。

保育者は、ティモシーの母親の懇願を尊重するべきか、それとも子どもにとっての最善を貫くべきかを自らの専門性にかけて判断しなくてはならない。容易には両立しがたいさまざまな要求に対して、どのような優先順位をつけるか、個人としてではなく、いわば専門家集団の一員としてどう対処すべきかと問題を設定してみる。専門家としての価値判断を行うとき——この事例の場合には子どもが健康で幸せに生活する権利を第一に尊重する必要があるという結論が下されるだろうが——、昼寝を犠牲にしないで母親の悩みの解決にどのような援助をすべきか、具体的な工夫を考えていくことになるだろう。

顧客ニーズとしての「保育の質」論は、ここに至って、「人間の要求と権利」にかかわる理論・判断によって、本質的な補足が必要にならざるをえない。職務の指示書やマニュアルは、予測可能な緊急時の対応にはきわめて有効なのだが、生きた人間同士のかかわりから日々新たな形で生まれる「倫理的ジレンマ」にはいたって無力である。「倫理的ジレンマ」に対処するためには、それぞれの要求・権利にどのように応えるかを判断する倫理的、道徳的な判断力と責任意識が求められる。この「倫理的ジレンマ」に対処する責任能力、いい換えると、「人間の正当な要求と権利」の視点に立って判断する力、これが保育者の専門性の中心点になるものであり、それを欠いては保育の質を保つことはできない。

次章では、これまでの保育の質研究が明らかにしたことに学びながら、保育者の専門性＝判断力が、いかなる場面で重要となるのかを具体的に考えてみたい。そして、そのことを通して「質を高める」とはどういうことをさすのか、保育条件と実践との関連にも目配りしながら明らかにしていきたい。

〈注〉

（1）東京福祉ナビゲーションのウェブページ（http://www.fukunabivi.or.jp）より引用。

（2）日本経営者団体連盟社会福祉懇談会『選ばれる保育所の人事システム―人事考課・賃金制度・人材育成』（中央法規、一九九九年）

（3）Stacie G.Goffin, *Curriculum models and early childhood education; Appraising the relationship*, Merrill, 1994

（4）Lilian G.Katz, Foreword, (S.G.Goffin, 前掲書)

（5）倫理的ジレンマについての叙述の多くは以下のものの要約・引用である。(Stephanie Feeney & Kenneth Kipnis, *Professional Ethics in Early Childhood Education*, Young Children, 40 (3), pp.54-56)

第4章

保育の質研究が明らかにしたこと

「質を高める」保育条件と専門性

① 質のよい保育は、子どもの人生を変える

――「保育の質」研究が始まったわけ――

1）「保育が人生を変えた」

一九八四年アメリカで、『保育が人生を変えた Changed Lives』と題する研究報告書が発表されました。

折しもアメリカでは、共和党・レーガン政権の下、生活関連の予算をバッサリと切捨て、教育・福祉の民営化を強引に押し進める「行政改革」の嵐が吹き荒れていました。しかし、保育に巨額の税金をつぎ込むのはムダ使いとうそぶいていた「行革」論者は、この研究の結果に顔色を失いました。というのも、その研究は、「幼児期に質のよい保育を受けたか否かによって、その後の子どもたちの人生は大きく左右される」ことを客観的データで裏付けるとともに、保育が子どもの発達に与える長期的効果をお金に換算すると、なんと「保育は、それに要した費用の六～七倍の利益を社会にもたらす」ことを明らかにしたからです。

2) 実証された保育の効果

その研究は「ペリー・プリスクール研究」といいます。この種の研究はわが国にはほとんど例がないのでその概要をかんたんに紹介しておきましょう[1]。

一九六二年、ミシガン州のイプシランティという地方都市にあるペリー・プリスクール（三歳児・四歳児が通う就学前の保育施設）を舞台にこの実験的研究は始まりました。まず、同一の小学校区に居住する一二三人の幼児――いずれも貧しい、黒人の家庭で、三歳時点の知能テストの結果が平均以下という特徴をもっていました――が選ばれました。そして、その子どもたちを、ペリー・プリスクールでの一～二年間の半日保育を経験するグループ（以下「保育経験グループ」）と、保育を受けずに家庭で育ちそのまま小学校に入学する「家庭保育グループ」とに分けて、その後の子どもたちの発達・成長を成人する（二七歳）まで追跡しました。幼児期の保育経験の有無が、その後の発達に及ぼす長期的な「効果」を見きわめようとしたのです。一九歳時点でのデータをもとに結果を見てみましょう。

その結果は驚くべきものでした。

わずか一～二年間の半日保育だけなのに、しかも保育を経験してから一五年以上もの年月が経過しているにもかかわらず、青年期に直面する社会的自立の課題の達成度を示すほとんどの項目で、

表１　保育が子どもの長期的発達に及ぼした効果

結果	測定年齢	保育経験グループ	家庭保育グループ
読書テスト（正答率）	19	62%	55%
留年率	19	16%	28%
高校卒業率	19	67%	49%
大学進学率	19	38%	21%
就業率	19	50%	32%
福祉受給率	19	18%	32%
逮捕歴のある者	19	31%	51%

保育経験グループは家庭保育グループに比べてきわめて良好な成長を見せたからです。

その結果の一部を表1に掲げました。基礎学力・留年率（普通学級を修了できず特別の教育を受けた年数の割合）・高校卒業率・大学進学率だけでなく、生活自立に関する就職率・福祉受給率、さらには社会的不適応を示す非行＝逮捕回数のいずれにおいても統計的に意味のある（危険率五％以下）明確な差が表れました。

一部の項目ではなく、青年期の課題として重要な事項の大半で一貫して保育経験グループが良好な成長を示したということは、幼児期の保育が、子どもの発達に広範で長期的に持続する影響を与えたことを示すものとしてたいへん注目されました。しかも、この研究では、実験開始時点の子ども自身の「知能（知能テストで測定された限りでの）」や出生順位、家庭環境（両親の職業・学歴・失業率など）は二つのグループで均等になるよう調整してありました。ですから、子ども個人の差異や家庭環境のちがいによって生じたものとは考えにくいのです。

じつは、この時期アメリカでは、ペリー・プリスクール研究と同じような追跡調査によって、保育効果を測定する研究が数多くなされ、高校卒業率・留年率・逮捕回数などの項目で同じような結果が報告されました。ペリー・プリスクール研究は、幼児期の保育がその後の人生を左右するほど大きな（プラスの）発達効果をもたらすものだということを、劇的な形で、揺るぎない事実として確認したものとして広く知られるようになったのです。

3）「子どもの発達」が社会にもたらす利益

さらに、ある財政学者は、ペリー・プリスクールでの保育がもたらした「子どもの良好な発達」を「お金」に換算すると、結果的に社会が受け取る利益は、保育に要した費用のじつに六倍から七倍に達すると発表しました[2]（表2）。

「社会が受け取る利益」とは次のようなものです。まず、留年した子どものための特別体制で行う教育は普通学級の倍の費用が必要なので、留年率が下がるということはその分教育費が節約されるわけです。その節約分を子ども一人当りにならすと約七千ドル、これを社会が受け取る利益として計算したわけです。同様にして、犯罪の減少による警察や裁判関係費用の節約が四千二百ドル、失業減少による福祉費用の減少分二万二千ドル、さらに大学進学によって見込まれる生涯所得増による税収増が六千五百ドル。一方、保育を経験したグループは大学進学率が高いので、その分教育費を多く

表2　子ども一人当りの保育費用と保育がもたらす社会的利益

（単位ドル、1985年ベース）

社会が受け取る利益	
特殊教育経費の節約	7,005
治安・裁判費用の節約	4,252
福祉関係費の節約	22,490
生涯所得増による税収増	6,495
高等教育経費の増加	−964
合計	39,278
1年間の保育費用	6,500
費用に対する社会的利益の比	6.04倍

必要とします。それは税金で賄われているので、社会の側には負担増となるので千ドル弱マイナスとなります。

これらをトータルすると、表2にあるように総計で三万九千ドル余の利益を社会が受け取ることになり、それは一年間の保育に要した費用のじつに六倍にも達するのです。

ここではあくまで「お金」に換算できるものしか対象にしていません。また、子ども本人や家族が受け取るもの、たとえば大学進学による所得増などは計算に入れていません。子どもの発達や家族の幸福感は金銭計算できるものではありません。そういう計算できない「本当の利益」を考えれば、たとえ投資に対する効果が金銭計算上はイコールであったとしても、保育は十分な利益を挙げているとみるべきでしょう。

重要なことは、保育は子どもの発達にプラスの効果をもたらすだけでなく、それを通じて社会に莫大な利益をもたらしているという点です。

たとえば、わが国でも一九八〇年代以降の「臨調行革」の頃、「保育園に子どもを預けている間、パートで働いて八万円足らずの収入しか得ていない母親もいるのに、乳児保育には一人一ヵ月二十万円以上のコストがかかっている、これは十二万円もの損失だ」という乱暴な保育所非難がされたことがありました。

保育所保育のもたらす利益をもっぱら「母親の稼ぎ」だけで測る、この種の議論がいかに事実に反しているかを、ペリー・プリスクール研究は明るみに出しました。つまり、保育がもたらす利益は、母親の労働によって得られる収入や価値（税収・企業益）だけではなく、子どもの発達を促すことによって生み出す価値を考慮にいれなければならないのです。いい換えれば、保育という仕事は、子どもの「最善の利益」を追求・実現することを通じて、その役割をもっとも効率的に果たすことができる、そういう性質をもった営みであるということです。

4）質のよい保育こそ、もっとも効率的

日々なにげなく繰り返されているように見える保育という仕事は、これほど値うちのある大きな働きをしているのです。アメリカでその後、州や自治体による公的保育の拡充が進むとともに、連邦政府による責任ある保育制度の確立を求める声が急速に高まっていったのもしごく当然に思われます。

しかし、この研究の意義は、保育制度を「量的に」拡充する必要を明らかにしただけではありません。「量」だけでなく、「保育の質」の決定的な重要性を明らかにした点に、この研究の画期的な意味があるのです。

じつは、このペリー・プリスクールで行われた保育はたいへん費用がかかるものでした。

保育者一人当りの受持ち人数は六人で、その待遇条件は小学校教師並とアメリカとしては破格のものでした。資格と意欲を兼ね備えた保育者と、それをバックアップする研究者など、保育を科学

的に実践し、支援する体制も充実していました。そうした「質」を確保するためには、子ども一人当り六千五百ドル（現在のレートで月額約六万五千円）という莫大な費用が必要だったのです。

先ほど見た保育の効果は、このような「質のよい保育」であったからこそ生まれたものなのです。同時期に行われた数多くの保育効果の縦断的研究の中でも、大学や研究機関が中心となって、いわば実験的研究のために特別な条件を用意して行われた「質のよい保育」のほうが、そうでないものに比べて明瞭な効果が表れる傾向がありました。たとえば、日本でよく知られている「ヘッドスタート」――貧困家庭の子どもたちのために連邦政府が補助金を支出して保育の機会を提供する事業――は人的にも物的にも低条件で行われたのですが、それらを対象とした縦断的研究においてはペリー・プリスクールのような長期的な効果は必ずしも明瞭に認められなかったのです。

5）「保育の質」研究に学ぶ

このような研究結果によって、「質のよい保育は子どもの人生を変える」ことが明らかになりました。そこから「保育の質とは何か」という問題への大きな関心が生まれました。

しかし、ペリー・プリスクール研究のような「効果」の研究は、保育の中で実際に何が起こっているかを調べたものではないために、いったいどのような保育が、子どもの中にどんな力を育てているのかを明らかにするうえでは有効なものとはいえません。「保育の質」を明らかにするために、保育を構成するさまざまな要素が、子どもや保育者の行動にどのように影響を与えるかを保育のプロセスに即して調べる「保育の質」の本格的な研究が始まりました。

アメリカのある研究者は、保育の質研究の成果をもとに次のような指摘しています。

「最近、各州の保育行政当局がペリー・プリスクールの再現を目指しながら、他方では低劣な保育条件（たとえばテキサスやニュージャージー州のように教師一人当りの受持ち人数が二十人を上回るような条件）で保育を実施しているところがいまだに存在しているのは驚くべきことである。それは、子どもたちにとって利益のない、たんなる託児というべきものであり、むしろ一つの損失ともいうべきものである。[3]」

保育者一人当り三・四歳児二十人というのは、現在の日本の幼稚園・保育所の基準よりも「好条件」です。しかしここで指摘されているように、二十人というのは、保育への投資を「損失」に変えてしまうような「質の低い保育」に結びつきやすいものであることは、欧米での「保育の質」研究によってすでに明らかにされていることです。

近頃わが国でも「保育の質」という言葉がよく使われるようになりましたが、あまりにもその内容があいまいで、これまでの「保育の質」研究を踏まえていない場合もあるように思われます。たとえば、最低基準の見直しについての中央児童福祉審議会の「意見要旨」（九七年一二月）は、「保育の質が低下することのないよう十分に配慮した上で、保育所に関する規制・基準の緩和を図る」と述べています。しかしその「保育の質」の中身についてはまったくふれていません。あたかも、条件を切り下げても「質の確保」が可能であるかのような論の運びになっています。しかし、欧米の「保育の質」研究の結果は、日本の現行基準を緩和することはもちろん、現状の基準すら質の確保に困難をもたらすものであることを示唆しています。

受持ち人数の問題は一例にすぎません。目に見える条件だけでなく、カリキュラムのタイプや、保育者と子どもとの人間関係の性質、さらには保育への親参加など、さまざまな要素が「保育の質」として取り上げられ検討されています。もちろん「保育の質」のとらえ方は研究の進展とともに変化してきていますし、ある特定の基準を機械的に当てはめて質を「判定」することへの反省も生まれてきています。「保育の質」は基本的に、保育をつくりだしている人びと（保育者、子ども、親、地域）の手で判定され、その改善向上の手がかりを得るために研究されるべきものです。

②　カリキュラムと保育の質

1）「やっててよかった、○○式」は本当か？

言わずと知れた、乳児期からの超早期教育に積極的に取り組んでいる、ある教育産業のコマーシャル。天才少年とはいわずとも、落ちこぼれてから後悔するよりは、小さいうちから勉強に慣れさせておいたほうがいいのでは……という親心を巧みについた名文句です。しかし残念ながら、この「○○式のカリキュラム」でなくては効果が挙がらないかどうか（「普通の」保育園からは「天才」が生まれていないのかどうか）は、十分確かめられているわけではないようです。

ところが、アメリカではかなり前から、幼児期の「保育カリキュラムの効果比較研究」というものが盛んに行われてきています。タイプの異なる複数のカリキュラムに基づいて保育を行っている幼稚園・保育園を選び、それぞれの園の子どもたちの発達を長期的に追跡して、どのカリキュラムが子どもの発達にもっとも大きな効果をもたらしたかを明らかにしようというものです。まさに、

『やっててよかった』のは、どのカリキュラムか」を明らかにしようとした研究なのです。

この種の研究は、前節で紹介したペリー・プリスクールの実験研究が行われたのと同時期、六〇年代から七〇年代にかけてアメリカで集中的に取り組まれました。そして長い間の研究と論争を経る中で、カリキュラムのどのような側面が「保育の質」として重要な要素であるかという点について、いくつか大事なことが確かめられてきています。そこで、これらの研究を素材にして、カリキュラムと「保育の質」について考えてみましょう。

2 カリキュラムの効果比較研究の背景

この時期にアメリカで、多数の「カリキュラムの効果比較」研究がなされたのには次のような理由がありました。

六〇年代、アメリカでは貧富の差の拡大と人種差別が大きな社会問題となっていました。そして、アメリカ政府は「貧困撲滅」を公約として掲げ、そのためのもっとも有効な方策として幼児教育に大きな期待を寄せました。

すなわち、経済的貧困や差別の中にある子どもたちに、早期に幼児教育の機会を提供して、小学校入学の時点では白人・中流階層の子どもたちとその学力において引けをとらないレベルに引き上げておくことができれば、学校での落第や中退を防止することができ、ひいては将来の失業や犯罪の増加を予防できるだろうと。そして、不利な家庭環境にある幼児のために、教育的な刺激に富んだ保育を無償で提供するヘッドスタート計画をはじめ、教育による「平等な社会」の実現に向けた壮大な事業が始まったのです。

カリキュラムの比較が重要な意味をもったのは、このような時代背景のためです。その目的とするところは、発達環境の面でハンディを背負った子どもたちの、その後の学業や社会的自立を促すうえで、もっとも効果的なカリキュラムを開発・発見することにあったのです。そして、保育の「効果」は、何より学業成績や「知能指数」向上――当時アメリカでは「知能指数」は子どもの知的能力をもっともよく表す物差しと考えられていた――で測られることになりました。

3 「授業中心」カリキュラム優位の「仮説」

このような背景があったために、既存の「遊び中心」カリキュラムと、「知能向上」のために新たに考案された「授業中心」カリキュラムの効果を比較することが、研究上の最大の関心事となりました。そして、カリキュラム比較に携わった研究者たちは、次のような結果が出ることを強く「信じて」いました。

〝知的な刺激に乏しい家庭に育った子どもたちには、知的刺激を豊かに含んだカリキュラムが必要なはず。そのためには、伝統的に子ども同士の交流と社会的感情の発達を重視する「遊び中心」

のカリキュラムよりも、子どもの知的能力の向上に保育の目標を絞りこんだ「授業中心」のカリキュラムのほうが効果的であろう。そして、保育によって小学校入学時の「知能」を向上させることができれば、それが自信になってその後の学校の成績も高いレベルを維持するであろう。〟

4）「遊び中心」VS「授業中心」カリキュラム

研究の結果はどのようなものだったのか、ここでは比較研究の中でももっとも注目されたものの一つを紹介したいと思います。その研究は、ペリー・プリスクールの中心的研究者でもあったワイカート（Weikart）らによって行われたもので、三つのタイプの異なる保育カリキュラムを経験した、低所得階層の三・四歳児五四名（各カリキュラムごとに一八名ずつ）を、一五歳になるまで追跡し、その結果をもとにカリキュラムの効果を比較したものです[4]。

ここで比較された三つのカリキュラムのごく大まかな特徴は次のとおりです。

①ディスターモデル―スキナーのプログラム学習理論をもとに開発されたもので、子どもの知的能力を高めるための、周到に準備された授業が保育の中心。保育者が正しい文章を提示して、子どもがそれを口頭で反復する訓練を積み重ねていく形の授業が中心で、ドリルやフラッシュカードなどを多用する。具体的事物とのかかわりや子どもの自発的活動は重視されていない。

②ハイスコープモデル―ワイカートらが、ピアジェの発達理論をベースに開発したもので、子ど

もの環境への自発的かかわりや周囲の仲間との交流を重視している。と同時に、保育者によって、子どもの活動の発達的な意味づけも明確にされ、たとえば一日の活動を計画する時間の中で言葉の発達を促したり、日常の場面をとらえて「数・量」や「分類・序列化」などの概念を教えていくことも重視されている。

③伝統的なカリキュラム―イギリスの保育学校の自由遊び中心のカリキュラムの流れを引くもの。遊びの中での社会的交流と社会性の発達を重視し、保育者は主題や単元を設定して、子どもたちが自由遊びに熱中するよう促し、子ども自身の手で周囲の世界の仕組みを理解することを目指している。

この三つのカリキュラムの中では、一日の活動の中で、保育者によって計画されその達成目標が明確に規定されている活動の時間がもっとも長いという点で、①のディスターカリキュラムが、子どもの知的発達にはもっとも効果的であろうと、ワイカートらは見込んでいました。

5) 予想外の結果

しかしその結果はまったく予想外のものでした。

たしかに、子どもたちが小学校低学年時点までは、知能テストの結果は授業重視のディスターモデルの子どもたちのほうが、他の二つのグループよりも明らかによい結果が出ました。ところが、一〇歳、一五歳と調査を継続してみると意外な結果が表れたのです。

まず第一に、知的な発達の面でのカリキュラム間の差はまったく消失しました。こうした結果は他の研究でも同様で、むしろ「授業中心」カリキュラムでは、子どもたちの知能指数の上昇も大きいかわりに、その下降も急速であったのです。つまり、やや飛躍したいい方になりますが、〝急いで詰め込んだ知識は、急速にはげ落ちてしまう〟という結果だったのです（とはいえ、保育を経験しなかった子どもたちと比べると、どのカリキュラムで保育を受けた子どもたちも学業成績を始めとする知的発達において、同程度の良好な成績を収めていました）。

これはまったく意外な結果だったようで、ワイカートは次のように述べています。

「当時、もっとも効果的なプログラムは『構造化されたカリキュラム』――子どもがぶつかる学習上の困難を乗り越えるための保育者の援助方法についてまで、詳細なマニュアルがついている、授業中心のプログラム――を採用したものだと考えられていた。……（三つのカリキュラムの間での）知的成績に関する同一の結果というものは、幼児教育における中心問題が、構造化されたカリキュラムの選択にあると考えられていた当時においては、驚くべき結果でした」と。「授業中心」カリキュラムの「神話」はもろくも、崩れさってしまったのでした。

それればかりではありません。一五歳の時点での子どもたちの社会性の発達を調べた結果はさらに驚くべきものでした。まず、暴力や万引・薬物使用など反社会的行動の回数を調べたところ、授業中心カリキュラムの子どもたちは、他の二つのカリキュラムに比べて二倍以上と非常に多かったのです。

それだけでなくふだんの生活の中での人との交わりや物事への積極性を調べた結果も同様でした。たとえば、スポーツをやる頻度、家族との関係への満足度や家族からの信頼、学校での委員への任命回数や進学意欲など、学校や家庭での人間関係の良好さを示す項目の大半で、授業中心カリキュラムの子どもたちは低い結果が出たのでした。

6 子ども自身が学ぶもの

なぜ、授業中心のカリキュラムでは子どもたちの社会性の発達に問題が多くみられたのでしょうか。ワイカートはその理由をおおよそ次のように述べています。

まず、幼児期の学びには性質の異なる二種類のものがあります。一つは、授業や課題活動の中で保育者から与えられた知識から学ぶこと。「授業中心」カリキュラムは、これを学びの唯一の形と考えていましたが、もう一つ重要な学びがあることを、この結果は示しています。それは、遊びの中での人とのかかわりの中で「子ども自身が学ぶ」ものです。後者の学びは、実際の人と人とのかかわりのルールや習慣を学ぶうえで欠かせないものであると同時に、その後の発達に強力な影響を与えるものでもあります。

ところが、授業中心のカリキュラムでは、遊びの中での子ども同士の交わりのもつ教育的意味に保育者の注意が向けられておらず、人とのかかわりを学ぶうえで必要な援助を与えていないために、そうした対人関係能力が獲得できなかったのではないか。あるいは、「授業」中心の保育では「子どもが大人から指示を受け続け、子どもの自主性の発揮がいたずらや失敗として扱われることが多くなり、自己の自発的な能力発揮についての罪悪感」をもたらし、自ら積極的にかかわろうとする意欲や好奇心が育たなかったのではないかと述べています。

7）幼児期にどんな力を育てるか

カリキュラムの効果比較がもたらした意外な結果は、私たちが日頃の保育で大切にしている、自信や仲間意識や人とかかわる力などの発達が、青年期の生活や行動様式にまで影響を与え続ける、きわめて大切な力であることを示すものです。それに対して、知能指数の向上に表れたような狭い意味での知的発達への効果は、わずか数年で急速に消失してしまうものであって、本当の意味での自信をつくり出すものではないのです。まさに、「学力試験で測定されているような認知能力は、広範な知性のごく一部に過ぎない。……自分自身の感情や他人との関係をうまく処理する能力は知性の一部であり、しかもそれは人生を最終的に大きく左右する知性だ」（ゴールドマン著『ＥＱ（こころの知能指数）』）ということができます。そして、そうした力は、カリキュラムが与える知識によって育まれるものというより、日々の何気ない生活経験のなかで、子ども自ら学びとっていくものだということです。

たとえば、思いどおりに動かなかったゴム動力の船が先生の助けを借りて見事に走りだしたとき、子どもは「これから困難に出会っても、人の助けを得ながら何とか乗り越えることができるだろうという感覚＝自信」を身につけます。友だちとのぶつかり合いを本音を出し合って乗り越えることができたとき、「意見がくいちがっても、いつかは理解し合える人間＝仲間」を発見し、「自分の意見や感情を言葉で友だちと交流したいという願望＝コミュンケーション能力」が育ってきます。まだ継続中の論争もありますが、「どのようなカリキュラムを選ぶべきか」という問題について、現時点のカリキュラムの効果比較研究が下した結論は次のようなものです。「知的発達という点では、一定の保育条件が確保されていれば、いかなるカリキュラムを選んでも子どもの発達にちがいは生じない。しかし、子どもの社会的感情の発達という点では、それを重視しているカリキュラムと、知的発達に重点をおいているカリキュラムとの間では大きなちがいが生じることが明らか」であると（クラーク・スチュアート）[5]。

つまり、〝頭のかしこささえ教育すればいい、それ以外の人間として大事なことは自然と身につく〟という考え方は誤りだということ、そして保育のカリキュラムがどんな育ちを大事にしているかが、子どもの人間らしい育ちにとって計り知れない影響力をもつということ――当たり前ですが、大事なことが確かめられたのです。

③ 子どもの「集中」が示す保育の質

1）日々の生活経験の中にこそ

「親に選ばれる保育所になれ」と政府が「競争」をあおるからでしょうか、近ごろ保育界の一部に、「○○式」と銘打ったセット教材、見栄えのする行事、外部の「専門家」による△△教室などで自園の「質の良さ」を印象づけようとする動きがあるようです。しかし、前節のカリキュラムの比較研究の結果に明らかなように、「保育の質」はそんな特定特殊なカリキュラムの中にあるものではありません。

子どもたちの「人生を変えた」、あのペリー・プリスクールの研究報告も次のようにいっています。ペリー・プリスクールの子どもたちが、保育を経験しなかった子どもたちと一番ちがうのは、小・中学校での勉学意欲の高さと人間関係の良好さであった。そして、学校生活に対する意欲や自信というものは、「(早期教育を受けたことからくる) 学校での成績の良さから生まれるものではなく……意欲は、知的な刺激に富んだ保育環境に対する子どもたちの反応そのものの中から生まれる」と。

つまり、乳幼児にとっての自信は、紙上テストの点数のような、みみっちいものでは育たないのです。一日一日の保育の中で、子どもが自分の好奇心と力を十分に発揮し、それによって周囲の人からの評価と相互理解が高まっていく中で自分の力を実感する、そういう生活体験の積み重ねの中にこそ「保育の質」はあるのです。

幼稚園を創始したフレーベルも、遊んでいる姿の中にこそその子の未来があるのだと明快に述べています。「力いっぱいに、また自発的に、黙々と、忍耐強く、身体が疲れきるまで根気よく遊ぶ子どもは、必ずや逞しい、寡黙な、忍耐強い、他人の幸福と自分の幸福のために、献身的に尽くすような人間になるであろう」と（『人間の教育』岩波文庫）。

ただ、生活経験の質というのは、容易には「見えにくい」という難点があります。ふつうの親にとって、行事での活躍やドリルのマルの数に比べたら、自信や好奇心や根気などの育ち具合を判断するのはかんたんなことではありません。そこに、見栄えやできばえで自園の保育をアピールしようとする誘惑も生まれるのでしょう。

ですから、目先のできばえや見栄えにとらわれないで、本当の意味での保育の質を守っていくためには、生活経験の質とはどういうものかを私たちがはっきりつかむ必要があるように思われます。欧米の「保育の質」研究も、当初は○○年後の「効果」に焦点を当てていたのですが、「子どもの生活経験」の決定的重要性が明らかになるにつれ、保育場面での子どもの姿を対象にして「質」を測定・比較する研究が増えてきています。そこで、それらの研究を手がかりにして、子どもの生活経験と、その質を左右する保育の要素とはどのようなものなのかを考えてみたいと思います。

2) 子どもの集中度で保育の質を探る

ここで紹介するのは、子どもの「集中度」に着目した「保育の質」の研究です。調査の対象になったのは、イギリスのロンドン近郊地域の半日制の保育施設（ナースリースクール、ナースリークラス、プレーグループ）の三・四歳児、その研究の基本発想は次のようなものです。

子どもは、そのもてる力を十分に発揮しているとき、もっともよく発達するといわれます。そういう時、子どもは集中力を増し、活動が長時間継続するはずです。そこで、子どもの集中力が高まり持続することに、どのような保育の条件・要素がかかわっているかを調べることで、「保育の質」の中身が見えてくるであろうと、この研究が着手されました（研究報告の原題は、シルバほか著『ナースリースクールとプレーグループでの子ども観察』。その内容を要約したものが、ブルーナー著・佐藤三郎監訳『イギリスの家庭外保育』（誠信書房）の中に収められています）。[6]

しかし、子どもの内面の「集中」状態を「外から」観察・判定するのはかんたんなことではありません。この研究ではけっきょく、経験ある保育者の「目」を借りて判定が行われました。

子どもたちの言葉や表情から「めあてをはっきりもっている」「単調な繰り返しでなく、工夫や新たなアイディアがみられる」「計画やイメージをもって遊んでいる」と判断されれば、集中していると判定することにしました。たとえば、紙を半分に折ってセロテープで張り付けるのを機械的に繰り返している場合には「非・集中」、それに対してジャングルジムでいろいろな技を試したり新たな挑戦がみられる場合には「集中」と判定するといった具合です。

3 「集中」を促す活動と環境

調査では、一九の保育施設の一二〇人の三・四歳児について、一人当り二〇分間の観察を二回ずつ行い、三〇秒毎に「集中」か否かを判定していきました。そこから得られた総計九六〇〇回の判定をもとに、「集中」を高める条件を探っていったわけです。そのほか、遊びの継続時間や子ども相互の会話の活発さなども、子どもの生活経験の質を測る指標として使われています。

まず最初に、活動の種類によって「集中」の表れる割合がかなり異なることが明らかになりました。

表3（左側の「イギリス」の欄）は、活動の種類別に、それぞれの活動に費やされた時間全体の中で「集中」と判定された時間の割合が高いものから順に並べたものです。この順序は、その活動

表3

	活動の種類	活動時間中の「集中」の比率（%） イギリス	 マイアミ
上位群	読み書き	100	60
	音楽遊び	73	55
	造形遊び	71	42
	机上での構成遊び	71	38
	大型積木による構成遊び	70	49
	構造化された教材（パズルなど）	69	29
中位群	ごっこ遊び	50	38
	ミニチュア玩具の遊び	50	11
	手先の遊び（砂・粘土など）	47	25
下位群	遊び以外の交渉	32	18
	子どもが編み出した遊び	28	21
	運動遊び	22	18
	全体の平均	47	29

の継続時間の長さの順序とも一致していました。つまり、表で上位にランクされた活動は、集中と根気を引き出す活動ということができるのです（ただし「ごっこ遊び」は例外で、集中のランクは中位ですが、継続時間の長さでも会話の活発さの点でも上位にあり、知的な面でも社会的な発達の面でも望ましい活動であるとしています。また、いうまでもないことですが、ここで「読み書き」に比べて、「運動遊び」や「子どもたちが編み出した遊び」の集中度が低くなるのは、考えや想像や工夫の有無という知的な側面から「集中」をとらえたことから生じる当然の結果であって、それらの遊びに意味がないというのでは決してありません）。

ところで、表3で上位にランクされた活動には共通する特徴があります。すなわち、いずれも「子どもが何か目に見えるものを構成したり、つくり出したりする活動」であり、周囲からの援助やアドバイスがなくても「目標達成のために、いまの自分の行動が役に立ったどうかを活動そのものが子どもたちに示す」性質をもっているということです。シルバはこれを、「現実世界に対するフィードバック機能をもった」活動と呼んで、そういう性質をもった遊具や教材を積極的に活用すべきだと提言しています。

4）二人遊びは、創造的思考の「教室」

次に集中を促す条件としては、子どもの周囲の人間関係にかかわって二つの要素が大事であることがわかりました。

まず一つは「そばに保育者がいる」ことです。「必ずしも働きかけなくても」保育者の姿が近くにあるだけで、その後の活動への集中の高まりがみられました。それは、大人の存在が、子どもにとっては周囲からの雑音や誘惑の緩衝材となっていて、興味あるものへの集中を持続させるからであろうと解釈されています。

もう一つは遊びの人数で、二人で遊んでいるときがもっとも「集中」が多く表れ、ついで数人での遊びと続き、一人遊びのとき、集中度はもっとも低くなりました。シルバらは、この結果を受けて、「子ども同士の社会的交わりは、対人関係能力獲得の『教室』であるだけでなく、そのもっとも複雑で創造的な思考の見られる場面でもある」と述べて、「なかま」の大切さを改めて指摘しています。

5）課業は「集中」を促すメリハリ

さて、この研究の結果の中でもっとも興味深いのは、保育施設の「課業（課題活動）」の頻度と子どもの集中との関連性についてのものです。

「課業」というのは、「保育者によってあらかじめ計画された『教育的』活動で、保育者によって活動の内容や教材が選ばれ、そこに子どもたち全員が参加することが強く期待されている活動」を指しています。そして、課業が一日のうち二回以上ある保育施設と、一回以下の保育施設が比較されました（とはいえ実際には一日三回以上課業があった施設はなく、またいずれの施設でも課業の時間は一回一五分以内でした）。

三歳児、四歳児ともに、課業が二回行われている施設の子どもたちのほうが、一回以下の施設に比べて集中時間の比率が高いという結果が出ました。これは課業の時間が長いために（その時間内の「集中」が多いために）生じたものというではなく、課業が一日二回行われている施設では、自由に遊んでいるときにも一回以下の施設に比べて集中度が高いために生じたものでした。

こうした傾向が生まれる第一の理由は、課業が自由遊びに与える活性化作用です。つまり、よく準備された課題活動によって「子どもの中に自信が生まれ、自由に遊ぶときにも自らの純粋な好奇心から（保育者によって提供された活動と同様の）活動を継続する」という波及効果がみられたのです。

もうひとつの理由は、課業が、保育者と子どもとの親密さを高め、それが子どもの活動全体に活気を与えているのではないかということです。つまり、課業は、保育者と子どもとの間に「知識や経験の共有」と互いの会話の「共通の焦点」をもたらし、「先生は自分のしたことや得意・不得意を知っていてくれている」という安心感・信頼感をつくり出し、それが活動の活性化につながっているのではないかということです。

6）課業が「束縛」になるとき

しかし、このような結果から、どんな場合でも課業が子どもの集中を高めると結論するのは早計です。というのは、同じ研究チームが同じ手法で、イギリスとアメリカの保育施設を比較した結果は、課業も度が過ぎると、集中を妨げる「束縛」になってしまうことを示しているからです。

調査したのはアメリカ・マイアミの一二ヵ所の保育施設、観察の方法は同様でしたが、マイアミの保育施設はおしなべて、課業が非常に長時間（一日の保育時間の半分以上）であるという特徴をもっていました。

その結果は、課業が短いイギリスの保育施設に比べて、課業の長いアメリカの保育施設のほうが集中度がかなり低いという、イギリスの国内での比較とは正反対のものになりました。前出表3

（右側の「マイアミ」の欄）を見ると、同じ種類の活動でもマイアミの子どもたちの集中度はかなり低く、全体でもイギリスの四七％に比して二九％と驚くほど大きな落差が生じていたのです。

このような結果が出たのには三つの要因が考えられます。

まず第一に、マイアミでは、次つぎに課題的活動を展開するために、保育者はかなりの時間を準備や片付けに割いていました。そしてその間、子どもたちは「待つ」「周りを見ている」「ふざけ合う」「友だちとのトラブル」など、課業の中にも「非・集中」がかなりの割合を占めていたのが一つ目の要因です。

第二は、マイアミの保育者の関心が「全員が、同じ時間内に、同じ課題を終える」ことに向きがちだということです。子どもが集中したとき、おうおうにして時間がかかります。しかし、時間を気にする保育者は「集中」を見過ごしたり、せかすことが多くなっている。そうした対応が、子どものとりくみ方を「集中」よりも「終了」優先に向かわせているようだと指摘しています。

そして第三は、自由遊びでの集中度が低くなっているということです。一方的に指示に従うことの多い長時間の課業は、強い「束縛感」を与えます。そのためマイアミでの自由遊びは、発散的に動きまわる活動が中心になっており、集中力が低くなっていました。

7）保育者と子どものかかわりあいの質

以上がこの研究の大要ですが、保育の質を考えるうえでは二つの点が大事だと思います。

第一点は、子どもの生活経験といっても、園の間でかなりの落差があるということです。イギリスとアメリカの比較はそれにしてもショッキングです。アメリカの保育者は課業の準備に多大な労力と時間を割いているにもかかわらず、イギリスでみられたような自由遊びの活性化につながらないだけでなく、準備された課業の内容的豊かささえも十分に伝えきれていないのですから。

もう一点は、子どもの生活経験の質を左右する保育の要素の、もっとも中核をなしているのは保育者と子どもとの関係の質だということです。

生活経験の豊かさを左右する保育の質として、「なかまとじっくりと交わる時間」「フィードバック機能のある素材」そして「束縛にならない程度の課業的活動」などを私たちは確めることができました。

しかしたとえば、「適度な課業」という要素にしても、たんに課業を一日二回やれば「自動的に」子どもがよく育つというものではありません。そうではなくて、子どもの集中度に直接影響しているのは、子どもの活動に対する保育者の評価や受け止めやかかわり方の違いなのです。

たとえば、課業が保育者と子どもとの間の親密さを生み出し、子どもの自信を育てるような働きかけを伴うときにはプラスに作用します。しかし、保育者が時間に追われ一人ひとりの「集中」を見逃してしまうようなかかわりしかできないときには、課業だけにとどまらず園での子どもたちの生活経験全体の質を低めることにもなりかねないのです。

つまり、課業の回数や時間というものは、それが「保育者と子どもとのかかわり方の質」に影響する限りにおいて、子どもの生活経験の質を左右する要素になるということです。次節では、保育の質の中心問題である、この保育者と子どもとの関係の性質についてさらに考えてみたいと思います。

4 保育者と子どもの「いい関係」とは

──園によってちがう保育者─子ども関係（1）

「私たちが、保育園の観察の中で何度も繰り返し見いだしたことは、ある一人の子どもの、その保育園での生活の質を決定するもっとも根本的な要素は、保育者と子どもとの間に存在する関係の性質であるということである。一方には、保育者も子どももともに充実感と満足感にみちた一日を過ごすことができる保育園があり、他方には大人と子どもとの間に常にトラブルや混乱が生じる危険にさらされている保育園があった。（子どもが経験する保育の質という点で）この両者の間には大きなちがいが存在している。」（ガーランドとホワイト著『子どもたちと保育園・ロンドンの九つの保育園の運営と実践』[7]）

1）園によってちがう保育者─子ども関係

保育者と子どもとの、顔と顔を突き合わせての「ふれ合いの質」こそ、保育の質を左右するもっとも基本的な要素であることは、欧米の保育の質研究に共通する結論です。

もちろん、日本でも――たとえば現在の保育指針が改訂された際に、保育者の受容性・共感性・暖かさなどが強調されたことでも分かるように――保育者の子どもへのかかわり方や理解の仕方が、保育を大きく左右することは共通認識になっています。しかし、日本では保育者と子どもの関係の質というものが、個々の保育者の個人的な資質や技量に傾斜してとらえられることが多いように思われます。

それに対して欧米の保育研究では、冒頭引用した研究報告もいうように、保育者―子ども関係の質は、保育者個々人の差としてよりも、保育園の間で異なるものとしてとらえるのが一般的なようです。

もちろん、保育者個々人の力量や資質が子どもとの関係の質に影響しないというのではありません。しかしそれは真理の半面をいい当てたものにすぎません。保育園の間で保育者―子ども関係の質に差が生まれるという事実にも目を向けることで、「ふれ合いの質」を向上させる手がかりがより多く見えてくるはずです。

そこでこの節では、冒頭で引用したイギリス・ロンドンの九ヵ所の保育園を対象にして行われた「保育の質」の比較研究によりながら、「園によってちがうふれ合いの質」というテーマを考えてみたいと思います。

2）会話に表れる「ふれ合いの質」

さて、ガーランドらの研究によると、九つの保育園のうち、「保育者も子どももともに満足感と充実感に満ちた」保育園は五ヵ所、残りの四ヵ所の保育園では保育者と子どもとの間にかなり頻繁に「トラブルと混乱」が生じていました。

この二つのタイプの保育園では、それぞれどのような保育者と子どもの関係が展開されていたのでしょうか。その質のちがいは、保育者と子どもとの会話の中にもっとも明白な形で表れるものだといいます。

まず、トラブルや混乱がおこりやすい保育園に典型的に見られる会話のエピソードから見てみましょう。

三・四歳の子どもたちが室内で自由に遊んでいます。おそらく、絵に名前を書き込んでほしいのでしょう、絵が描いてある紙をもった男の子が保育者のほうに向かっていきました。

一人の保育者がその絵をのぞき込みながらいいました。

「ディーン、それはあなたの絵なの？　あなたが描いたの？　よく見せて」

「トレーシーちゃん（三歳女児）が描いたんだよ。彼女がボクにくれるんだって」と、その子は無邪気に答えました。

保育者のことばは、まるでニセものの美術品でも取り調べているかのような調子でした。

「そう、トレーシーが描いたのなら、あなたの名前は描きませんからね」

すると、ディーンは、黙ったままその絵をとても小さく折り畳んでポケットに詰め込んでしまいました。

一方保育者は、同僚のほうを向いてからかうような調子でいいました。

「描いたのは『彼女』だそうよ。だいたい私は最初から彼女が鉛筆で描いているところを見てたのよ」。

3）「トラブルと混乱」が生まれやすい関係

どうもこの会話では、保育者の意図と子どもの意図がすれちがっているようです。絵が上手で仲良しのトレーシーちゃんが描いてくれた大事な絵、ディーン君はその絵に自分の名前を書いてほしかったのでしょう。しかし、保育者はそこのところをまったく誤解して「ディーンは自分でその絵を描いたとうそをついて、保育者に名前を記入してもらおうとしている」と思いこんでしまったようです。

このエピソードを記録した研究者は、次のようにコメントしています。

「もちろん、（保育者による子どもの意図の）誤解はいつでも起こりうるものであるが、このエピソードのポイントは、子どもは大人をあざむこうとしているにちがいないという、保育者の先入観からこうしたやり取りが生まれたという点にある。

自分の名前を絵に書き込むことは、その子にとっては作者の名前ではなく、所有者の名前を意味しているにすぎなかった。しかし、そういうことは、その保育者がもつ、子どもというものについての基本的な見方の中には存在し得ないことであった。

さらに、その保育者は、その絵がディーンのものではないことを（最初の質問以前から）すでに知っていたことが、最後の会話から明らかになっている。つまり、彼女の最初の質問は、（自分がその絵の作者だと見せかけようとしているにちがいないと保育者が思い込んでいた）その子のごまかしを見破ろうとしてなされたものなのである」。

つまり、この保育者の誤解＝いきちがいは偶然起こったものではないということです。保育者がもっている基本的な子ども観――子どもというのは聞き分けがなく、油断すると大人を欺こうとするものだ――が原因となってこうした形のふれ合い方になっているのですから、それは日々繰り返されていくことになります。

そして、この保育園での保育者のことばかけは、一人の保育者を除いてほとんどが「イライラした調子」でなされていました。「子どもはするようにいわれたことを進んでやろうとはしないものだから、何か行動させる前にはイライラした調子で声をかけることが適切であり、必要であると信じている」ようであったと記しています。

4）子どもらしさを楽しめる関係

一方、保育者と子どもの互いの意図や期待がうまくかみ合って展開している保育園の会話は、たとえば次のように進んでいきます。

室内で数人の子どもが粘土遊びをしています。

「ボク、ソーセージをつくるんだ」「ワタシは誕生日のケーキ」

ケーキには粘土ヘラのロウソクが二本立ててあり、その上に描かれた顔が、テレビ番組のキャラクターに似ているかどうかをめぐってのたわいない子どもの会話に、保育者も楽しそうに参加しています。

すると一人の男児が、「ボク昨日、誕生日だったんだ」。「えっ、あなた先週も誕生日やったたっていったじゃない。昨日は誰の誕生日だったの？」と保育者がたずねると、「先週も今週も、両方ともボクの誕生日だったの」。

なにげない会話ですが、読んでいる側も思わず微笑んでしまうようなやり取りです。これを記録した研究者は、「この保育園ではしょっちゅう保育者が、子どもがやったりいったりすることを一緒になって楽しんでおり、それを同僚にも繰り返してやってみせていた。子どもらしさを扱いにくいものとして嫌ったりするのではなく、それを楽しめることが大人と子どもとの良好な関係形成にとって欠かせないものである」と述べています。

5）「肯定的な関係」と「否定的な関係」を分ける子ども観

ガーランドらが強調しているのは、保育園によって子どもとの会話の基本的なスタイルが異なっているという点です。このようにまったく対照的な会話が日々繰り返されるわけですから、その中で展開される子どもの充実感、積極性、他者への基本的な信頼感などに大きなちがいが出ることが予想されるというわけです。

しかもちがっていたのは、会話のスタイルだけではありません。会話のスタイルのちがいに対応して、表4に掲げたような項目──「活動を開始・選択するのは子どもか、大人か」「子どもの製作物の展示方法」「子どもの問題行動のコントロール方法」「子どものおしゃべりや悪口への対応」「子どもへの身体的接触の頻度」──で一貫したちがいが認められました。

ガーランドらはこれらのちがいにもとづいて、保育園を単位とした保育者─子ども関係の二つのタイプを「肯定的な関係」「否定的な関係」と名づけ、次のような基本的な子どもの見方や子ども

表4

観察した事項	肯定的な保育者－子ども関係の特徴	否定的な保育者－子ども関係の特徴
活動を開始・選択するのは誰？	子どもたちは、何を、いつ、どのように誰と遊ぶかを自分で選んで、一日の大半を過ごしている。	一日の大半の時間は、大人が決定した活動で構成され、大人が活動を開始し、コントロールしている。
子どもの製作物の展示方法	子どもの作品は自己表現として評価されており、そのためたくさんの作品が壁に飾ってある。	子どもの作品は、大人の基準にどれだけ近づいたかで評価されており、そのための少数の「模範」が飾ってある。
子どもの問題行動の保育者によるコントロール方法	子どものもつ内的な自己統制力を信頼した対話型のスタイル。（対話と合意にもとづいて、個別的に、大人への注意と変わらない口調で話をする）	子どもの内的自己と自己統制力に信をおかず、子どもへの命令・非難・物理的強制など外的な手段に訴える対決型のスタイル（大きな声で、はじめからトラブルを予想したイライラした調子）。
おしゃべりや悪口への対応	クラスの中での子どもたちの会話が多く、うるさい。対立や敵意の感情の表現が許されている。	静かにさせようとする保育者の試みが頻繁になされる。子ども間の敵意の表現はただちに抑えられる。
子どもとの身体的な接触の頻度	身のまわりの世話をするとき以外にも、大人から子どもへの（愛情表現や慰めの）身体的なふれ合い行動がみられる。	身のまわりの世話以外には、身体的なふれ合い行動はほとんど見られない。

の行動理解の仕方をもったものだとしています。

まず肯定的な関係においては、「子どもというものは、基本的に周りに対して敏感で、是非をわきまえ、自分のことを自分で処理できる存在であると見なしている。それゆえ、子どもたちは自分で活動を選択し、グループの決定に参加し、保育園全体の運営に協力することが期待されていた」「子どもの行動のもっとも有効なコントロールは、大人によってではなく子ども自身によってなされるという考え方が、暗黙の内に含まれている。こうした状況の下では、大人は子ども自身の発達しつつある内的なコントロール能力を育て活用することが期待される。大人の主たる役割は、『警察官』ではなく『モデル』となることである」。

他方、「子どもについてのもう一つの見解によれば、子どもは基本的に自己統制ができず、それゆえ大人による監督がなければ長続きする行動を行うことができないとされている。したがって、行動の統制は、子ども自身の中に育ってくる力によってなされるのではなく、外側から与えられるべきものとなる。子どもというものは、進んで話を聞こうとはせず、食べ物は食べるより投げるほうが好きで、本は読むより破るほうが好きであり、友だちとは一緒に遊ぶより喧嘩する方が好きであるという恐れ（ときには確信となっているが）に近い子ども観をもっている。そして、そうした子ども観をもつことによってその見方が現実のものになる危険性は飛躍的に増大し、そこに悪循環がつくり出される。そこに関係は存在するが、それは否定的なものであり、大人と子どもとの間にはトラブルの多い関係が徐々につくり出されていく」。

6 保育者と子どもの「いい関係」は自然につくられるものではない

ガーランドらは、九ヵ所の内四ヵ所の保育園が否定的な関係を基調にしていたと結論しています。イギリスでは問題のある保育をしている保育園がずいぶん多いな、日本にはこのようなことはそのまま当てはまらないだろうという印象をもたれた方も多いと思います（付言しておくと、この研究が行われたのは二〇年以上も前ですので、イギリスの今日の状況はかなりちがってきています）。

しかしながら、保育者と子どもの「いい関係」というものは「自然に、かんたんに」つくられるものではない（いい換えるとそこに保育者の「専門性」がある）こと、そして「肯定的な関係」と

「否定的な関係」との間を揺れ動きながら実際の保育が進んでいくものであること、そして保育者―子どもの関係の性質が子どもの発達に決定的な重要性をもっていること、これらの指摘は保育をする者の実感とも重なるものであって、きわめて重要な意味をもっていると思います。

問題は、一人ひとりの保育者は「肯定的関係」と「否定的関係」との間を微妙に揺れながら保育を進めているわけですが、実際に形成される関係の性質は保育園ごとに似ているという点です。そこにどんな要因が影響してくるのでしょうか。

基本的にそれは、保育園を構成している大人同士の人間関係の性質によって決まってくるというのが、ガーランドらが強調する点ですが、その詳しい内容については次節で見てみることにします。

5 園の雰囲気・文化・子ども観

——園によってちがう保育者—子ども関係（2）

前節では、保育園によって、保育者と子どもの関係にずいぶん大きなちがいがあるというイギリスの研究を紹介しました。ここではその続きで、一つの園での保育者と子どものかかわり方が、みんな似てくるのはなぜなのかを考えてみたいと思います。

1）子どもに対する共感性

その問題を考えるために、まずはじめに保育者と子どもの関係に焦点を当てた、もう一つ別の「保育の質」研究を紹介しておきたいと思います（ティッセン著『保育センターにおける子どもへの世話』[8]）。

これは、デンマークの三ヵ所の保育センターで、二歳・四歳・六歳のクラスを対象に行われたものです。この研究では、保育者と子どもの関係を、子どもに対する保育者の「共感性」という視点から分析しています。共感性というのは、「保育者が、子どもの活動や子どもの関心内容そのものにどのくらい興味や注意を向ける」かということです。

もちろん、子どもの活動に注目・関心を向けず、子どもの考えや気持ちをまったく理解しようとしない保育者などいるわけありません。ただ、たとえば子どもが何かをつくって遊んでいるとき、〝何をつくろうとしているのか、どんなおもしろいことをやろうとしているのか〟と子どもの活動内容や興味の対象に保育者の関心が向けられるのか、そうではなく、〝ちらかしたり、ムダ使いをしていないか〟というような、物や時間の管理や秩序の維持により多くの注意や関心を向けるのか、その相対的な比重が異なっているということです。

前者を「共感性の高い保育」、後者を「共感性の低い保育」と呼んでいますが、いずれの保育を行っているかは、「保育者個人の特性に帰着するものではなかった。それは、一つの施設、そしてその施設に働くすべての人びとに共通するものであった」と、園ごとに特徴的な保育のパターンがみられたとしています。

2）遊びにみられる子どもの仲間関係の差

さて、この研究報告のもっとも興味深い点は、共感性の高い保育をしている園と、低い園とでは、子どもの遊び方にも違いがみられたと述べている点です。

すなわち、四歳と六歳児の場合、「共感的な保育の下では、子どもたちは互いに相手の話を聞き、そして他の子どもたちからの助言を受け入れ、提案に興味を持って受け入れようとしていた。……これに対して共感性の低い保育の下では、子どもたちは他の子どもたちからの提案にほとんど関心を示さない。逆に、自分の考えを押し通そうとし、自分の考えた役割を実行するために他の子どもたちを排除しようとする」傾向がみられたとしています。

私はこの箇所を読んで少々ショックを受けました。

微妙な差とはいえ、一方の園では子どもたちは意見がちがったり、トラブルが起きたりしても、きっとわかり合えるはずだという気持ちで友だちとかかわっていくことでしょう。それに対して共感性の低い保育園の中では、提案が受け入れてもらえなかったり、あるいは強い者の指示に従ったりという生活が何年にもわたって積み重なっていくというのですから、その影響は軽視できません。

この差は、それぞれの人生にとってきわめて大きな意味をもってくるものだと思います。つまり「他人」というのは、最初は意見や感情の食い違いがあっても、粘り強く話し合いをすればきっとわかり合える存在、つまり「仲間」なのか。それともその反対に、他人とわかり合うことは基本的にできないものなのだという感覚が身についてしまうのか。

わかり合えるはずという構えで向き合えば、根気強い努力をするでしょうし、その中で話し合いの力やトラブルを解決する技術も徐々に高まって、結果として「仲間感覚」がさらに確固としたものになるでしょう。

3）子どもの対人関係の学び方

さて、このような結果は、子どもたち同士の遊びに見られる共同・協力の姿というものが、保育者と子どもとの関係ときわめてよく似た性質を帯びてくるものであることを示しています。

子どもが興味をもつものに関心を向け、そのさまざまな思いを共感的に理解しようとする保育者のかかわり方が一つのモデルになって、子どもは「他者」へのかかわり方や理解の仕方を学んでいくのでしょう。そういう大きな教育力を「保育者―子ども関係の質」は有しているのです。

しかし、この報告では、このような遊び方のちがいは、たんに保育者のかかわり方のちがいだけから生まれたものではないとして、次のように述べています。

「保育の直接的な結果として子どもたちの活動を見るのはあまりにも単純すぎる。それはむしろ、それぞれの保育センターの大人や子どもたちの間でつくられ、維持され、伝えられてきたそのセンターの文化によってつくりだされたものである。文化は、価値観、習慣、マナー、社会的人間関係など、つまり人間とはどのような存在かという一つの観念によって、特徴づけられながら形成されるものである。もちろん、センターの保育者たちはセンターの文化に対して、大きな責任を負っている。しかし実際問題として、文化はたんに大人から子どもへ伝達されるだけでなく、そこにいる子どもたちによっても伝えられるものである」と指摘しています。

4）保育園の「文化・雰囲気」が伝える人間観

ここで述べられているポイントは、二つあります。

一つは、園はそれぞれの歴史の中で培ってきた固有の「文化」をもっているということです。「文化」というのは、人間や子どもというものに対する基本的な見方――たとえば、他者を「分かり合える仲間」とみるか、管理や競争の対象と見るか――を指しています。そして、その人間観・子ども観が、その園の人間関係の基本的なトーンを決めるもっとも重大な要素であるということです。

もう一つのポイントは、その園のさまざまな人間関係――保育者と子ども、子ども同士、大人同士の関係――は、基本的な人間観を共有しているのですから、互いによく似た性質をもつようになるということです。そこにそれぞれの園の「雰囲気」というものが醸し出され、その雰囲気を通して人間観が保育園の新たな構成メンバーに伝達され引き継がれていくわけです。

このような中で、子どもたちは、直接的には保育者のかかわり方を通して対人関係を学んでいくわけですが、そこで受け取った人間観・子ども観は、子ども同士の付き合い方にも大きな影響を与え、子どもの心身に染み込むようにして学びとられていくことでしょう。

ですから、保育者・親は一人ひとり多様な価値観・人間観をもっていますが、子どもたちはそれらを多様なまま学びとるわけではありません。園の文化や雰囲気を通して、その園の基本的な人間観が純化され、濃縮された形で子どもたちに伝えられていくのです。今日、欧米で、保育園の「雰囲気やエートス」が保育の質を構成する重要な要素として広く認められているのは、このような研究の蓄積の結果です。

5）園の子ども観がつくられていくプロセス

このようにみてくると、園によって「保育者―子ども関係の質」が異なっているのは、突きつめればその園がもつ基本的な人間観・子ども観がちがっているからだといえるでしょう。

では、園としての人間観・子ども観は、どのようにして形成され定着していくのでしょうか。一人ひとりの保育者や親は、多様な子ども観をもっているはずですが、それがなぜある共通の特徴を帯びたものになるのでしょうか。

ひとことでいえば、保育園がめいめい勝手に子育てをする場ではなく、職員と親が協力・分担しながら保育を進める、子育ての「共同体」だからです。そこでは、どんな子どもに育てるのか、どのような保育内容を大事にするかなど、基本的な事項についての園としての「意思決定」が必要です。この園としての「意思」決定のなかでその園の子ども観は決められていくのです。

さてここで、前節で紹介したイギリスの保育園研究に立ち戻りたいと思います。この研究は、保育者―子ども関係が肯定的な保育園と、否定的な保育園を分かつ決定的な要因は、園の「意思決定」にかかわる、次の三つの要因であると分析しています。

まず第一に、園としての保育目的の重点をどこにおくかという「意思決定」が決定的な要因です。調査した九ヵ所の保育園は、子どものいかなる力の発達に重点をおくかという点から、二つのグループに分けることができました。一つは、ことばの暗唱、文字や数の練習など、結果がすぐに表れるような知識や技能の獲得のために「授業」を重視する保育園。もう一つは、子ども同士の遊びや交流のなかでの意欲や思いやりの発達を重視する保育園です。

さて、この保育目的の点でのグループ分けの結果と、保育者―子ども関係の「肯定的」「否定的」性質とはぴったり一致していました。こうした結果を受け、研究報告は次のように述べています。「いったん、知的なスキルの獲得が保育の重点になると、いわば自動的に次のような事態が生じてくる」。すなわち、「レッスン」の時間が保育者の腕の見せ場となり、「その時間内では、子どもたちに沈黙が要求される……許されるおしゃべりは、レッスンの課題に関連することだけに限定され……、課業からの逸脱を防ぐために大人からの制限が加えられるようになる」のは避けられない。子どもが管理されなくてはならない場面が多くなれば、子どもは「未熟で手に負えないものだ」という見方が生まれやすいのであろうと。

それに対して、意欲や思いやりは、子ども同士の自発的なかかわり抜きには育たないものです。そこで後者のような園では、「子どもたちが自分のこと、思ったこと、出来事などについてのおしゃべりは許容されるだけでなく奨励されることになる。大人は子どもに対して寛容であろうとし、子どもが選んだ活動に協力的であろうとする」と。

二つ目は、保育園における職員同士の人間関係の民主主義です。保育目的の重点というのは、園の意思決定の「内容」でしたが、これはその意思決定を行う「手続き・プロセス」の問題です。「民主主義」というと固いですが、要するにその人の地位や肩書によって意見の尊重のされ方が異なる、これは民主主義ではありません。誰の意見であろうと、たとえまだ経験の浅い、若い保育者の意見であろうと、一個の独立した専門家の発言として、子どもの気持ちを代弁している発言として均しく尊重するのが、民主主義です。大人同士の民主的なかかわりは、子どもとの関係に反映して、プライドを有した独立した人間として子どもに向き合い、肯定的な見方でかかわっていくことになります。

これに対して、否定的なふれ合いの保育園では、職員相互の関係は「一人のボスの下で働く上下的な関係」になっていました。そこでは、保育内容や行事の決定権は事実上保育者から奪われていて、保育者の役割は「上から与えられた課題を子どもたちに与え、計画に従うよう求めること」になってしまいます。このような運営体制の中では、子どもの思いを保育に反映させることに大きな制限があり、保育者が一方的に子どもに指示するような関係が生じやすいとしています。ここで述べられているのは、保育の基本事項に関する「意思決定のプロセス」の中で、どれだけ一人ひとりの保育者の意見と権利が尊重されているかということが、保育の質に大きな影響を及ぼすかということです。それは、職場で保育者がどれだけ尊重されているかが、実践の中での子どものプライドや感情の尊重の仕方にはねかえっていくからです。

三つ目は、親と保育園がどのような関係にあるかということです。これは、直接園の子ども観を決めるものではありませんが、先に述べた保育目的の重点のおき方を左右する究極的要因として挙げられるものです。つまり、なぜある園では目先のできばえを追う保育になり、別の園では社会性や感情の育ちの中に保育の中心を見出すことになるのか。それは、園と親との向き合い方のちがいが影響していると述べています。

親と保育園の向き合い方にも、「子どもの利益」という視点から、子育ての責任を分かち合う関係をつくっていた園と、それとは反対に、保育料と引き換えに必要な時間だけ子どもを預かるという形で、きわめてビジネスライク（事務的）な関係にある園とがありました。

後者のような保育園では、親は「お客さん」になりがちです。子どもや子育ての問題点について、親と保育者とが率直に話をするのはむずかしく、保育者からみると「一緒に子育てをしている」という実感がもてないでいることが多いのです。そういうときは、保育者には他人の子どもを保育するという重荷感や空しさだけが残ってしまい、親と共に子育てしているという連帯感・充実感が感じられなくなる。この空しさを埋めようとして、うわべだけの「知的教育」の中に自己の仕事の正当性を見いだそうとする気持ちが生まれるのではないか、それが、親が「お客さん」になっている園の多くで、形式的な「知的教育」が採用される、本質的な理由であると述べています。

6 経営＝時代に合った「子ども観」をつくる仕事

以上のように、園の基本的な子ども観・人間観が共通のものに形づくられていく際には、その園の保育目標の設定、職場の民主的な意思決定、そして親と保育者との責任の分かち合い方の三つの要素が重要であると、イギリスの研究は述べています。

イギリスでは、日本と比べて相当に保育者の社会的な地位・評価が低いということが影響して、個々の保育の自立性や専門性が確保されにくい事情があるのでしょう。そういう点では経営方針が自動的に、保育者と子どもの関係を決めるように描かれていることに、やや違和感を感じるかも知れません。

しかしこの研究は、園の経営や運営というものの大切さを改めて教えてくれています。園の意思決定とは、経営・運営のことにほかなりません。金と人の出し入れ・管理は、一見保育の「外側」の仕事に見えますが、そこでの目標選択や意思決定の過程は、本質的な意味で保育の質を決定づけるものです。

「園の子ども観」は、一度できてしまえばその後つくり直さなくてよい、というものではありません。社会や家庭の現実の変化を踏まえて、たえず子どもの見方を鍛えていかなければ、保育者と子どもとの間にずれが出てくるものです。今日ややもすれば、補助金や園児獲得こそが経営手腕のみせどころという風潮が一部にありますが、経営とは時代に合った「園の子ども観」をつくり出す仕事であることを忘れてはならないと思います。

⑥ 「親とのいい関係」は良質な保育実践の中心問題

『幼児とともにする仕事』と題されたオーストラリアの保育学生向けの保育実践の教科書、その第一章「子どもや親や他の職員とのコミュニケーション」の書き出しはこんなふうです[9]。

「幼児期の保育においてもっとも重要な要素は人である。……（とくに）保育者が子ども、両親、職員との間に良好な人間関係を確立することは、保育園での保育実践にとっての中心問題」であり、「良好な人間関係を発展させる力量の程度によって、その保育者がもつそれ以外の力量、たとえば、子どもを観察したり、保育計画を立てたり、環境を組織したりする力量の真価は大きく左右されてしまう」と。

この教科書の記述にもあるように、欧米では親との「いい関係づくり」は「良質の保育実践の中心問題」として、職員同士や子どもとの関係と同列にきわめて重視されています。もちろんわが国でも親との関係は重視されていますが、どちらかというと保育実践にとって「中心問題」というより「周辺的な問題」と押さえられることが多いのではないでしょうか。いったいなぜ、親と保育園との関係が大事なのか、そしてどのような関係を「いい関係」というのか、欧米の研究を手がかりに探ってみたいと思います。

1）いい関係とは「言い合いもできる」関係

さて、この教科書は、親とのコミュニケーションがなぜ大事なのか、次の三つの理由を挙げています。

まず第一の理由はこうです。

「親は、わが子に対して最終的な（養育）責任をもっている。（だから）親は、わが子が保育園で受けている保育について知る権利と、その保育の中身について発言し影響を与える権利をもっているからである」。

親が、保育中の子どものことを知り、保育に対して発言し要望する権利をもたなければ、その子どもに対する責任をまっとうすることはできない。いわれてみれば当然の権利です。

二番目、三番目の理由はこうです。

「保育者は、子どもの家庭環境に応じた保育を提供するためには、親との間で子どものことを話し合えるようにならなければならない」「親も保育者も、自分が保育をしている間に起こったことで、大事なことはどんなことでも互いに知っているようにしなければならない」。

この三つの理由を並べてみると、良好なコミュニケーションによって築き上げようとしている

「親とのいい関係」がどんなものであるかが浮かび上がってきます。

まず第一は、「子どものこと」について話し合える関係が「いい関係」だということです。異なる場での子どものようすを知ることが、親と保育者の双方にとって必要であるのはいうまでもないことです。しかし実際に、園の中で「子ども」のことを話し合う機会は十分にあるでしょうか。たとえば、保護者会などでも行事や予算のことに追われて「わが子」や保育のことを、率直に語り合う機会は意外に少ないようにも思います。

第二は、親の側から質問や要望や疑問を出したりすることは「権利」であり、園がそれに対して説明し応えていく「責務」を負っているとしている点です。

わが国の場合、「子どものこと」を話し合ったり、意見をいったりするのは、どちらかというと保育園の側から親に向けて、質問、要望、アドバイスするという方向で、そしてその内容の点でも否定的な意味で話し合うことが多いのではないでしょうか。「○○君のことで話があるんですけど」といわれると、たいてい親は「また、何か問題があったのだろうか」と身構えてしまう。そういう一方的で、ネガティブな中身の話だけでなく、親と保育園が対等な立場で、「子どものこと」を率直に語り合えるのが「いい関係」だということ、親の権利を認めるというのはそういうことだと思います。

2）「この保育園が好きだからいっているんです」

しかし、「言い合いもできる関係」は、かんたんに築くことのできるものではありません。ある園長先生から聞いた、外国人の家族が入園してきたときの話です。

来日して日も浅く、子どもさんも見慣れない環境や活動に戸惑うであろうと、別のカリキュラムで保育をすることも多かったといいます。そういうことも重なったのでしょう、お母さんは毎日のように苦情をいってくるのだそうです。「どうしてうちの子だけ、折り紙をやらせてもらえないのか」「保育園はつまらないといっていた。担任の先生はうちの子を大事にしてくれていないのではないか」と。

園の方針・考えをていねいに説明してもなかなか分かってくれないようすなので、園長先生は思わずいってしまったそうです。「そんなに文句があるのなら、どうぞこの保育園をやめてくださってけっこうです」と。すると、お母さんが驚いた表情をしていったのだそうです。「私は、この保育園が好きだから、ずっといたいから、いろいろいっているんです」。

これが「言い合いもできる」関係の最初の姿だと思います。

一見すると、母親はわが子の「訴え」に振り回されて、あまりにも率直に質問や疑問や要望を出して保育者を困らせているようにみえます。

しかし、このお母さんが「わが子」のことを、本当に真剣に考えていることは明らかです。保育者が、母親の揺れる気持ちを受け止めながら、伝えるべきことを一つひとつ明確に伝えられれば、子どもをまん中においた強い信頼・協力関係が生まれることでしょう。

3）保育者に求められるコミュニケーションの技術

ですから、「言い合いもできる関係」から出発する親との関係づくりにおいては、保育者のコミュニケーション能力がきわめて大きな役割を果たすことになります。オーストラリアの教科書には、保育者の卵たちへ向けた、きわめて具体的なコミュニケーションの勘所の指摘が並んでいます。

「『よい親』とはどうあるべきかについて、偏見や固定観念にとらわれないこと」

「建設的に話すこと。もし何かよくないニュースを親に伝える場合には、親がその問題を解決できるような提案を用意してから話すように努力すべきである。しかしいかなる場合でも、親が自分のやり方・考え方で問題解決を図る余地を残しなさい」

「親にとって、子どもの問題は他の何よりもずっと大きな感情（の高ぶりや動揺）を引き起こすことを考慮にいれて、親を理解しようとして話すこと」

保育という仕事が、どれほど人間性豊かで奥行きのある専門的能力を必要とする仕事であるか、改めて実感させられます。

4）親が参加した「かしこさの発達」研究

子どもをめぐる率直な話し合いと、保育者のコミュニケーション能力が大事といいました。しかし、それだけで「親とのいい関係」が築けるものでしょうか。

たとえば、最近強くなってきている「早期教育」への要求にどのように応えたらいいのでしょうか。「子どもは生活経験の中で学ぶのですよ」などと、いろいろ説明するのだけれど納得してもらえない。あれこれ苦情も多いものだから、思わず「やめてくださっても」といって、本当にやめてしまったら……。

そう考えると真剣で率直なコミュニケーションよりも、親の気分感情を害しないような礼儀とうわべを保育者が身につけてくれたほうがいいかもしれない、いやいっそ、文字や数もきちんと教えますとやったほうが……。

こんなふうに、親との「言い合い」だけでは信頼や一致に容易に行き着きそうもないと感じられたとき、どのようにしたらいいのでしょうか。

こんな疑問・悩みにズバッと答えてくれる研究があります。それは、イギリスのフレーベル研究所が行った、エイシー著『幼児の考える力を育てる――親と教師のパートナーシップ』（一九九〇年）という報告です。[10]

対象となったのは、経済的な困難を抱えた家庭の二歳児二〇人。三歳と四歳の二年間、幼稚園で保育を受け、その結果子どもの知的発達がどのように促されたかを明らかにしようとしたものです。しかし、以前紹介したペリー・プリスクール研究など、長期的な追跡研究とはちがう次のような特徴をもっていました。

第一は、保育がもたらす発達効果を〇〇年後の知能テストで測定するのではなく、幼稚園での子どもの行動・会話・遊び・絵画などを観察して、「かしこさの発達」の証拠を見つけ出そうとしたものだという点です。本章2節で、子どもは「与えられた知識」によってのみ学ぶのではなく、「子ども自身が学ぶ」ものが大きな力になると述べました。エイシーらは、「子ども自身が学ぶ」ことを前提としつつ、その「学びの瞬間」をとらえようとしたのです。

第二は研究の主体が、教師と親であったということです。幼稚園の中での子どもの姿をとらえるという点で教師が研究の中心になったのは当然ですが、親にも研究への参加を求め、家庭で親が観察した子どものようすを「連絡帳」に書き留めて、研究資料として提出してもらいました。

5）子どもが「自分で学ぶ瞬間」

このようにして親と教師が収集した五千三百余の子どもの自発的な行動の観察記録をもとにした親との話し合いをもちながら、研究を進めていきました。

たとえば、四歳のスチュアート君は、ある時期「回る」ものに非常に大きな興味をもっていることが、親と教師が集めた次のような事例からわかりました。

・彼は、手回しのミシンに興味をもち、そのハンドルを段々スピードをあげて回したり、回っている糸巻きをじっと見たりすることに興味をもった。
・彼は水車に水を注いで、それが回るのを見ていた。
・家庭では、何かの入れ物にスクリューを取り付けたり、外したりして遊んでいた。
・彼の好きな絵本には自動車や乗り物が描かれていた。彼は動く部分、特に回るところに興味をもった。

これらの事例を個別的に見ると、ミシンごっこや自動車の絵本や水遊びなど無関係な行動にしか見えません。しかし、親と保育者とが互いの観察を持ち寄ることによって、スチュアート君が家庭でも幼稚園でも一貫して、「回転」するものに対する強い興味をもって行動していることがはっきりと見えてきました。

じつはここで、スチュアート君は大事な「学習」をしているのです。ミシン・水車・スクリューなど形や色がまったく異なる物の間に、「回転」という共通した動き＝パターンがあることをこのとき「発見」したのです。具体物から、共通する性質や法則性を見つけ出すこのプロセスこそ、「知的学習」にほかなりません。幼児期の学習は、この「回転」のようなパターン的認識を軸として進むものであり、注意深く観察すれば、そうしたパターンが子どものさまざまな思考や行動を貫いて表れていることを、この研究は明らかにしました。

この研究の保育実践上のもっとも大きな意義は、先を見通したカリキュラムづくりを可能にしたことです。

スチュアート君はこの直後「なぜ、ものが回転するのか」と教師に質問してきました。教師は待ってましたとばかり、本物の水車の見学に誘い、回転を生み出す力についての子ども同士の話し合いを促しました。その結果、彼は水の力が回転を生み出すことを発見していきました。このように、子どもの興味が集中するところを注意深く観察することによって、子どもが「自分で学ぶ瞬間」を教師はタイミングよく援助できるようになっていきました。

6 子どもほど親を夢中にさせるものはない

さて、この研究は、先に掲げた疑問にどのような答えを出しているでしょうか。

早期教育を求める親がいたらどう答えるか、それは「一緒に研究し、かしこくするための最新の保育を開発しましょう」と誘うことです。

早期教育についての園と親の考えが一致しないのは、何も親が保育を知らないから起こっている問題ではないのです。エイシーらが一〇年以上かけて研究せざるをえないほど、幼児期の学習については分かっていないことが多いのです。そういう時には、「研究」が、とりわけ園と家庭の双方の場での子どものようすを全体的にとらえる親との「共同研究」が必要なのです。

研究が必要なのは何も早期教育に限りません。アレルギー問題、延長・夜間保育の中での生活リズムなど、時代の変化と共に生じるすべての問題は、親と保育者との共同の研究なくては解決前進しえない問題です。

この研究のもっとも重要な教訓は、親は、そういう保育の実践・研究のもっとも力強いパートナーになりうるということです。

報告書は述べています。この研究が始まったとき親は、専門家である保育者に対して恐縮し、知識のギャップから話し合いもスムースに進まなかった。しかし、子どもの「学びの瞬間」が見えてくるにつれ、親は表現できないほど興奮し、保育者との話し合いに意欲的になっていった。「子どもほど、親を夢中にさせるものはない」と。そして、「親が周辺的な事柄ではなく、専門的な事柄に対する参加を求められれば、親がどれほど大きな参加意欲を発揮するか」と。「わが子のエキスパート」である親と「子どもたち全体を見渡すことのできる専門家」である保育者が、がっちりとスクラムをくんだとき、もっとも質のよい保育実践が生まれる——これが「親とのいい関係」が大事な理由です。

⑦ 保育条件は子どもの発達条件

1）「現実離れ」した、まっとうな感覚

入学したばかりの保育科の学生に、「保育所の保育士さんが一人で受け持つ、四歳と五歳の子どもの人数はどのくらいだと思う?」とたずねてみました。最初の学生はまったく見当がつかないという顔で「だいたい三人ぐらいですか?」。

次の学生には「四歳と五歳の子どもの場合だよ」と念を押してたずねました。するとやはり「五人くらいですか?」。四、五人の学生に聞きましたが、みんながみんな五人前後という答え。あまりに現実離れした答えが続くので、隣のクラスでも聞いてみました。しかしそこでもまったく同じ答えなのです。私は思わず「君たちは、保育所の実際のところを本当に知らない……」といいかけて、ハッとしました。

というのも、学生たちの直観的な答えは日本では現実離れしたものになってしまいますが、以下

述べるように、欧米であれば現実にぴったりの大正解なのです。とすると、学生のほうがまっとうな感覚の持ち主であって、「本当のことを知らない」のは日本の現実になじんでしまった私のほうかもしれない……。

2）「世界離れ」した日本の最低基準

日本の保育所の最低基準、とくに「人の配置」にかかる基準がいかに国際的な水準から立ち遅れているか、表5と6を見てください。

表5は、一九九一年に制定されたイギリスの「児童法」が定めている保育者配置の最低基準と、一〇〇ヵ所近くの保育所の実態調査の結果をまとめたものです。この基準には罰則規定などの強制力がなく、あくまで「勧告」となっているため、二～三歳のところで基準をクリアしていない保育所が三〇％ありますが、それ以外は基準をクリアしており、とくに三～五歳のところは全保育所が基準（一対八）をクリアし、半数の保育所は保育者一人当り六人以下の人数になっています。

表6はアメリカ合衆国のものです。連邦政府基準は、政府補助金を受けている保育所が満たさなければならない基準として制定されましたが、現時点ではその適用が見合わされているものです。また、州政府も独自に基準を定めていますが、その水準は州によってまちまちでなので、平均が掲げてあります。まず、基準が低い州基準の平均値を見てみると、乳児のところは日本のほうが上で

すが、三～五歳児については日本の保育者はアメリカの保育者の二倍の数の子どもをみていることになります。連邦政府の基準では、保育者の受持ち人数の開きは日米間で四倍にもなります。

アメリカ合衆国もイギリス同様、私企業や民間の非営利団体に保育の供給を大きく依存している国です。そのために州基準は九四％の保育所がクリアしていますが、強制力のない連邦基準については、半数の保育所が基準以下の保育をしています。

しかしながら、いずれの国においても政府がつくった基準は、どの年齢児であっても一〇人を越えて、一人の保育者が受け持つことなど想定していないのです。イギリスの実態からいえば、三～

表5　イギリスの保育者配置基準

勧告基準（1991年児童法）	実態調査結果（1994年） 配置比率	園数（％）
2歳児未満	1：2	14.9％
1：3	1：3	83.0
	1：4	2.1
2－3歳児	1：2	3.2
1：4	1：3	6.4
	1：4	57.0
	1：5	28.0
	1：6	5.4
3－5	1：2	1.1
1：8	1：4	5.6
	1：5	38.9
	1：6	12.2
	1：8	42.2

表6　アメリカの保育者配置基準

	アメリカ合衆国 連邦政府基準（1968年制定）	州基準（平均）（1979年）	日本 児童福祉施設最低基準
0歳	1：4		1：3
1歳	1：4	1：6.6	1：6
2歳	1：4	1：9.4	1：6
3歳	1：5	1：11.4	1：20
4歳	1：7	1：13.7	1：30
5歳	1：7	1：16.5	1：30
基準適合園	51％	94％	
不適合園	49％	6％	

五歳児五、六人に一人の保育者がいてはじめて、保育の質が確保できるというのが常識です。

それに対してわが国の政府は、三歳児二〇人、四・五歳三〇人に保育者一人という現行の最低基準の改善にいっこうに手をつけません。そればかりか、延長保育や、定員を越えた子どもの受け入れなどを保育者の増員なしで進める「最低基準の弾力化」を進めてきています。政府・厚労省はよく「規制緩和は世界の流れ」といいますが、現在の最低基準がどれほど「世界の流れからかけ離れている」かを説明しないのはまったくアンフェアです。

3 保育条件が保育の質に与える影響

さて、欧米の保育園で日本に比べてはるかに高い水準の保育者配置がなされている、そのもっとも大きな理由の一つは、保育者の配置状況が子どもの発達にきわめて大きな影響を与えることを明らかにした「保育の質」研究が蓄積されてきたからです。

そこで、保育の人的条件と保育の質の関連を明らかにした代表的研究としてよく引用される、アメリカの全国規模の調査結果を紹介してみたいと思います（ロップ他『保育センターの子どもたち――保育園全国調査最終レポート』一九七九年）[11]。

この調査は、保育の基準の中でも保育者にかかわる次の三つの条件に焦点を当て、それが「保育の質」に与える影響を調べたものです。

①一クラスの子ども数
②保育者と子どもの比率
③保育者の資格

「保育の質」については主として次の三種類のデータを使って、比較が行われました。

A 観察による担任保育者の行動分析
B 保育園での観察による子どもの行動の分析
C 入園した直後と、その半年後の二回行われた知能テスト（言葉の理解力と図形・空間認識の二種類のテスト）の得点変化

実際の調査は四年がかりで行われ、まず全国三千カ所を越える保育園を電話で調査し、①〜③のそれぞれについて「好条件」と「悪条件」の典型的な保育園を五七カ所選び出しました。そして、その保育園の三歳児と四歳児のクラスを中心に、A〜Cのデータを得るための観察を行い、その結果を条件の異なる園やクラスの間で比較したのです。

結論を先にいえば、①〜③のいずれもの条件も「好条件」であればあるほどA〜Cの保育の質はよくなりました。ただし、②の保育者と子どもの比率（以下「比率」と略記）については、他の二つの条件よりも影響が小さいという結果でした。

しかし、「比率」が大して影響しないというのは、あくまでアメリカでの話です。なにしろここでの「好条件の比率」というのは一対六で、「悪条件」というのは何と一対九（！）なのです。つ

まり、三・四歳児の「比率」が六人の場合と九人の場合を比べると、条件がよくてもその結果として確かめられる保育の質へのプラスの影響は、他の二つの条件に比べて小さかったということです。ですから本当に残念ですが、②の「比率」についての結果は日本には参考にならないのです。

それに対して、①の一クラスの子ども数（以下「クラス規模」）の比較は、日本の現状にマッチした「参考になる」ものです。クラス規模の小さい、好条件の園は一クラス一二人前後、悪条件の園は二四人前後です。「比率」はいずれの園も一対六から一対九程度ですから、それぞれのクラスを二〜四人の保育者が担当している点は日本とちがいますが、クラス規模そのものは日本と大差ありません。では、規模の大小はどんな影響があるでしょうか。

4 規模が大きくなると子どもとのやりとりが減る

図の1をみてください。図の見方をまずかんたんに説明します。横軸はクラス規模を表しています。網掛けの部分（つまりクラス規模が一二人から二四人の範囲）は、調査した園の七五%がそこに納まることを示しています。次に縦軸は、保育者の行動を観察（五秒ごと）した結果、「子どもとのやりとり（具体的には質問する、回答する、教える、ほめる、気持ちをなだめたり励ましたりする行動の合計）」と認められる行動の回数と時間的割合が示されています（なおグラフ中央の太い直線は全体の平均的な傾向を、その両側の細い曲線はばらつきの範囲を、示すものです）。

この結果、クラス規模が一二人の場合、保育者は一時間当り平均で一七〇回子どもとやりとりしていて、二四人のクラスの一四四回に比べると、率にして約一八％も子どものやりとりが多くみられました。

他方図2では、保育者が子どもを「見ている」時間の長さは、クラス規模が小さいほど短くなる（率にして二五％の減）傾向が表れました。しかも報告書によれば、「『子どもの観察』は保育に欠かせないものだが……ここで認められた『子どもを見ている』行動の大半は、次の働きかけを効果的にするための意図的な観察ではなく、子どもの行動のあと追い的なものであった」としています。

子どもの人数が多くなると、保育者の行動がどうしても「後追い」的なものになりがちということの指摘は重要です。これは、保育者がクラス全体の子どもたちを把握し安全を確認することに、たえず大きな注意を払っていること、その時間は人数がふえるほど増加することを示しています。

おそらく、この「後追い的に見ている」時間の増加とひきかえに、子どもとのやりとり行動が減っていくのでしょう。そしてこのやりとり行動の減少は、以下述べるように子どもの言語発達に少なからぬ影響をおよぼしている点で、保育の質を直接左右するものです。

5）クラス規模が小さいと落ち着いて活動に集中できる

次に、子どもの行動を観察した結果、クラス規模によるちがいが認められたのは、図の3〜6に

図2 保育者の「子どもを見ている行動」
1時間当たりの回数・( )は時間比率

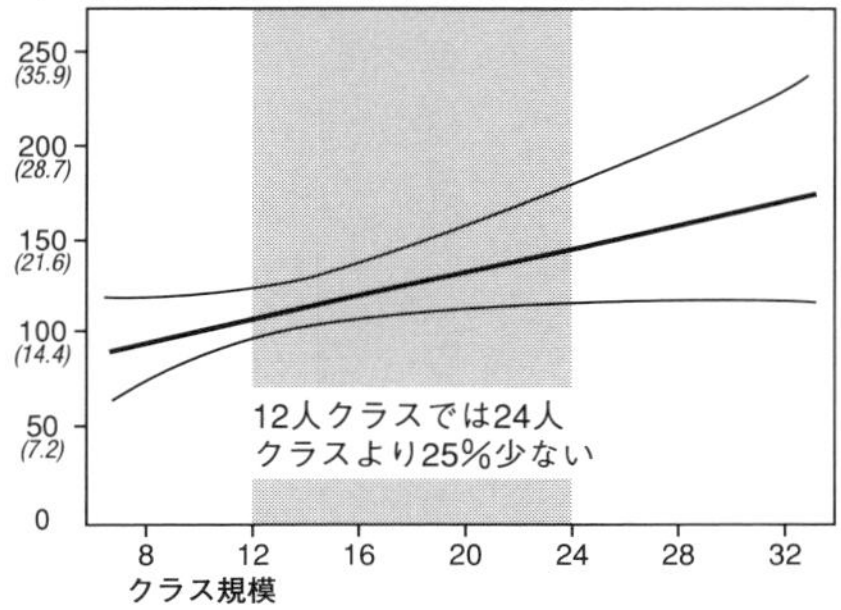

図1 保育者の「子どものとやりとり行動」
1時間当たりの回数・( )は時間比率

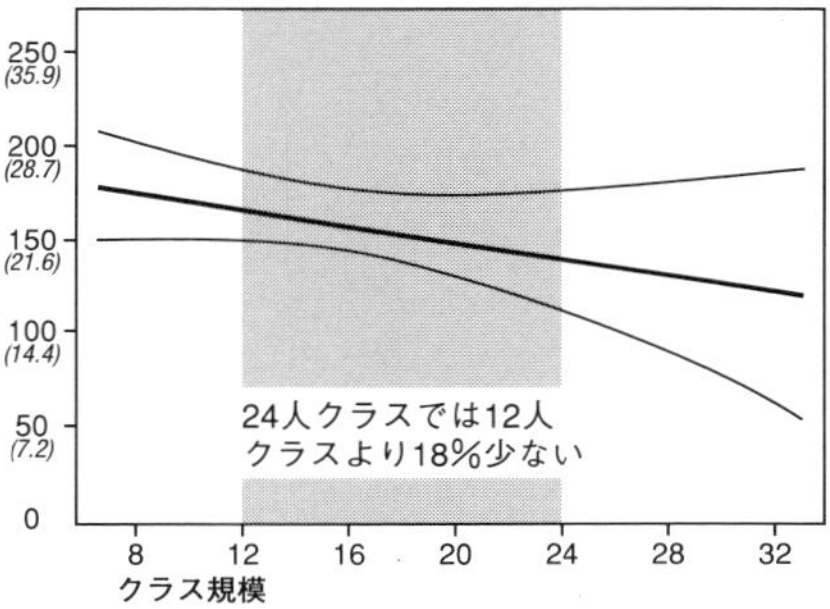

図4 子どもの「協力する行動」
1時間当たりの回数・( )は時間比率

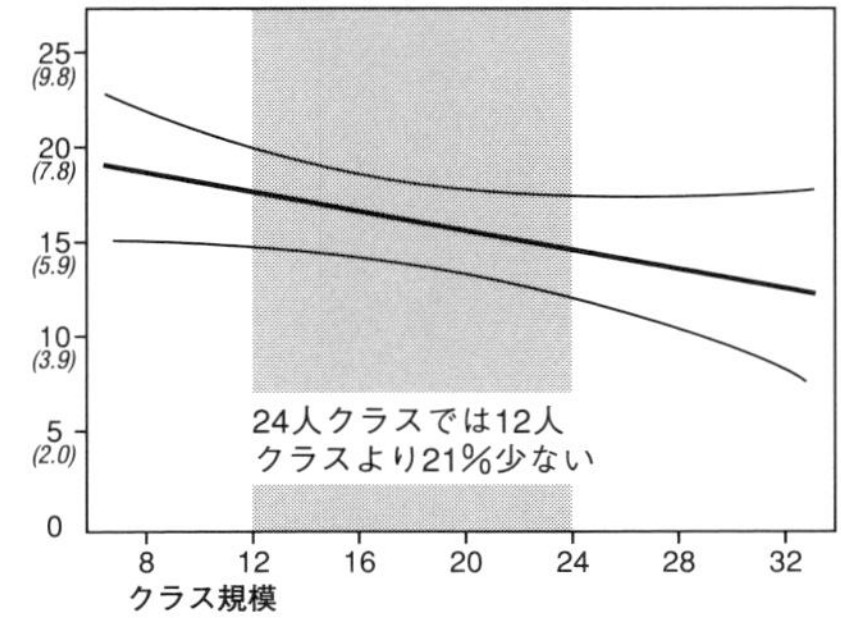

図3 子どもの「考えたり工夫する行動」
1時間当たりの回数・( )は時間比率

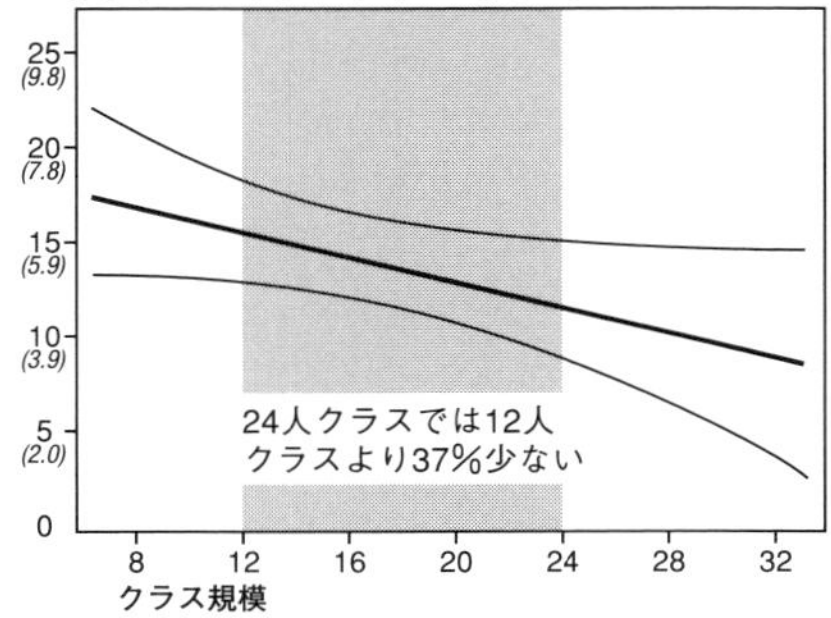

図6 子どもの「めあてのない行動」
1時間当たりの回数・( )は時間比率

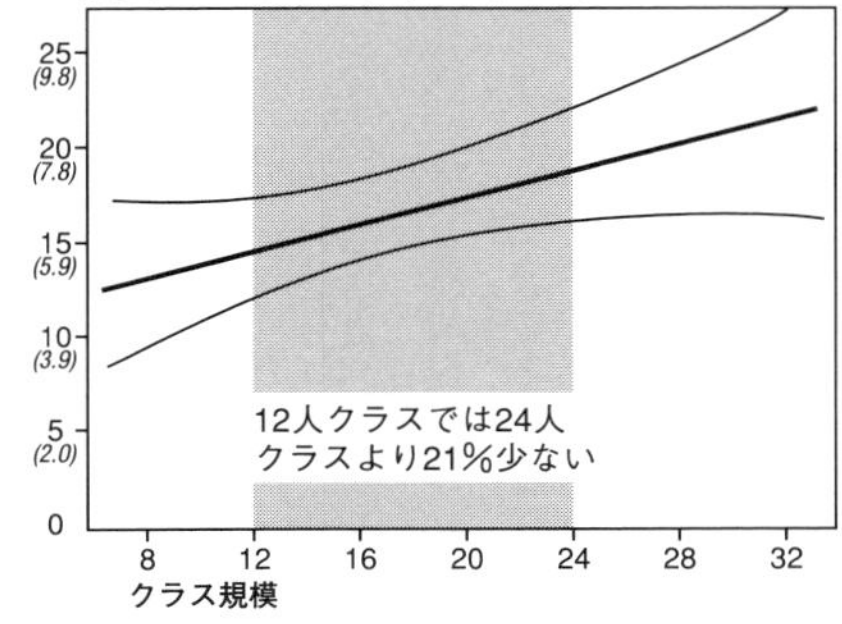

図5 子どもの「課題活動への不参加行動」
1時間当たりの回数・( )は時間比率

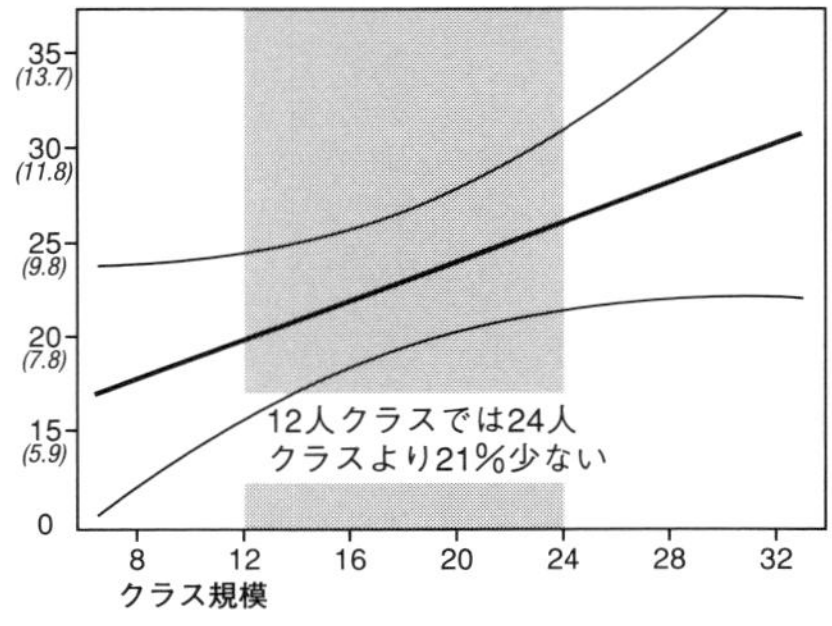

掲げた四種類の行動でした。

つまり、クラス規模が小さければ小さいほど、「考えたり工夫する行動」と「協力する行動（他の大人や子どもからの働きかけに対して積極的に応える行動）」が増え、「課題的活動への不参加」「めあてのない行動」が減っています。また図にはありませんが、子ども同士の言い争いやけんかも、クラス人数が少ないほど減っていました。つまり、クラスの人数が多くなると、クラスに落ち着きがなくなり子どもの集中度が低下し、子どもの自発的な工夫や協力も減少する傾向が表れたのです。

さらに、知能テストの結果にもクラス規模によるちがいが表れました（図7・8）。保育を半年受けた後に行ったテストの結果は、ことばの理解力を調べるテストでも、図形・空間認知を調べるテストでも、クラス規模の小さい子どもたちのほうが得点の上昇が大きかったのです。

そして、テストの得点上昇の「原因」を分析した結果、「クラス規模の小さいことが自動的に子どもの得点を上昇させるのではなく、（図形・空間認知のテストの場合は）子どもたちが能動的で、何かに熱中している時間の長いクラスで生じること」「（ことばの理解のテストの場合は）子どもと多くの時間保育者がかかわっているクラスで大きな得点上昇が生じることが明らかになった」と述べています。

つまり、「子どもが集中して活動に取り組める落ち着いたクラス」と、「子どもと言葉で豊かにやりとりしている保育者」が、テスト結果に直接影響しているのです。そしてこの二つの保育の質の

図7　知能テスト（言葉の理解）の得点上昇

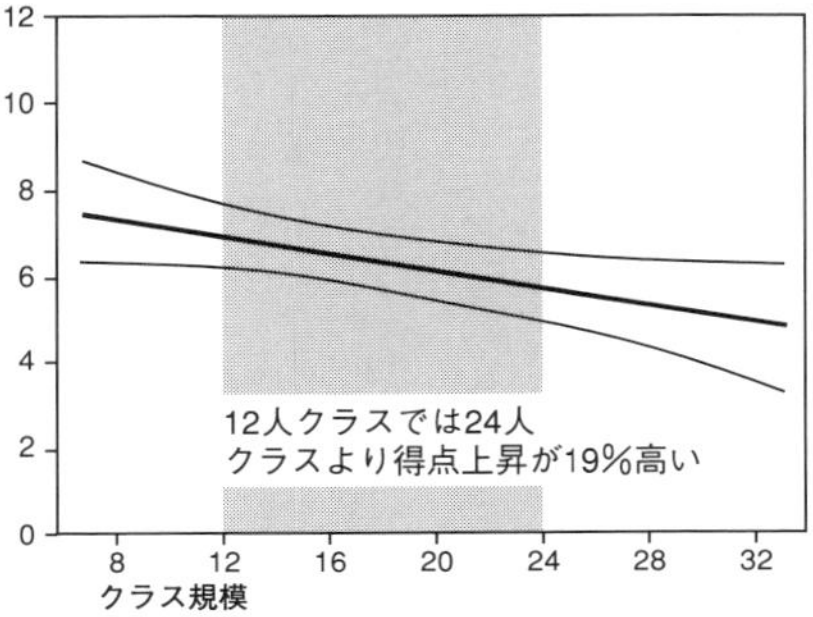

図8　知能テスト（図形・空間認知）の得点上昇

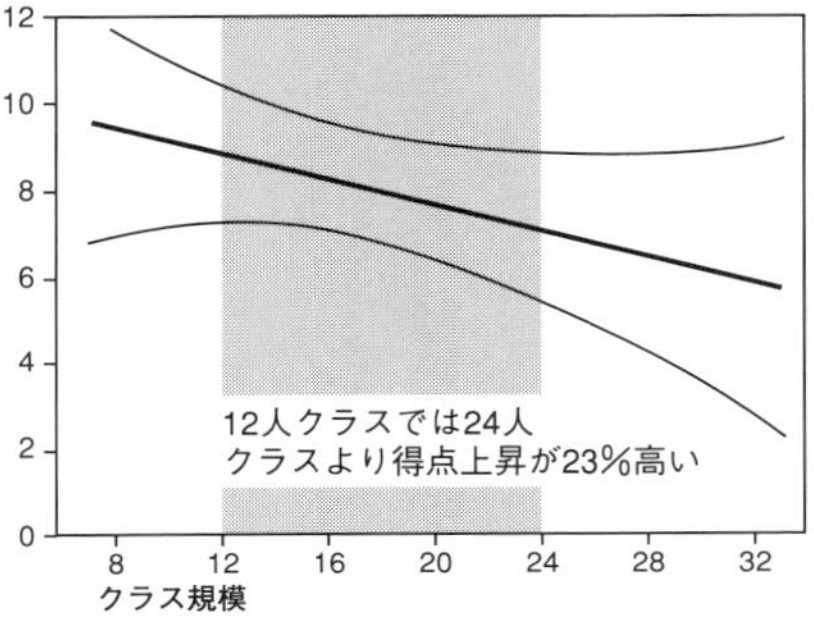

要素を確保するうえでクラス規模が大きいのは、大きな妨害要因になってしまうのです（紹介しませんでしたが、保育者の資格・専門性もこの二つの要素に大きな影響を与えることが確かめられています）。

この結果を受け、報告書は少なくとも「クラス一六～一八人に保育者二人」という配置基準の法制化を早急に実現すべきと提言しています。

これまで述べてきたように、カリキュラムや保育園の人間関係の質なども、子どもの集中度や協力行動、あるいは保育者の子どもへのかかわり方に大きく影響しているのです。しかし、そういうさまざまな要因の影響があるにもかかわらず、クラス規模の大小によって、A～Cいずれの指標においても一貫して明白はちがいが表れたということは、「人的条件」が子どもの発達におよぼす影響の大きさを物語るものです。いまの日本の最低基準の抜本的な改善、これは私たち大人の子どもに対する責任です。

8 保育の質の「評価」と保育者の責任

1 保育の質と行政責任

最後に、保育の質の「評価」の問題をとりあげたいと思います。

第二章で述べたように、わが国ですすめられている「第三者評価」というのは、個別の施設が提供しているサービス（保育）の質を、第三者機関が客観的に「評価」して、その結果をたとえば「最適・適・不適」と公開すること、これで施設間に「質的向上」をめざした「正しい競争」を生みだそうというものです。

しかし、「不適」との評価を受けた園の保育が、その質を向上させるには園の自主努力だけでなく、そのための条件の改善や専門性向上のための研修などが必要ですし、そのための手段提供は行政にも責任があるはずです。前節で、クラス人数と保育の質との関連を明らかにしたように、行政施策の水準が保育の質に直接影響を与えているのは明らかです。

ですから、「質の評価」を行えば、競争を通じて質が自動的に「向上」することなどありえないのは明らかです。にもかかわらず、このような「のんきな」提言をするのは、おそらく保育の質に「行政責任」はないのだ、というためでしょう。確かに、質の評価→競争原理→質の向上というプロセスには、行政は一切姿を見せないようになっています。

これに対して、保育の質研究の先進国である欧米では、行政の水準は保育の質に大きな影響を与える重要な要素として位置づけられています。そして行政の姿勢や施策の水準は、たとえば次のような視点で評価される必要があるとされています。

・地域社会を代表して政策決定にあたる人たちは（園での）幼児の経験を損なうのではなく、向上させるような政策、法令を採択しているだろうか。

・スタッフの労働条件が整えられていて、スタッフの定着率が高く、安定した大人と子どもの関係が育ち、研修が効果的に行われているか。

このように見てくると、保育の質の第三者による評価制度の導入は、福祉全般に対する行政責任の大幅縮小や民間企業参入などの競争激化という「大改悪」が及ぼすサービスの質の低下を、行政責任に結び付けないために提案されていることがわかると思います。質の向上を心から願っているのなら、「評価」制度などをつくる前に、最低基準の抜本的な改善を国の責任で一刻も早く実現すべきです。

とはいえ、今後はわが国でも「質の評価」への関心は高まるでしょう。それは何も制度改悪のなかで「質の評価」への圧力が高まっていくという理由だけでなく、本当の意味での「質の向上」のための手がかりとして、つまり専門性向上のための「評価」の課題も注目されていくこともあるでしょう。そこで、欧米での議論を参考にしながら、保育の質を評価するときに大切なことは何なのか、もう少し考えてみたいと思います。

2)「発達」の視点だけでなく、「人間としての権利」の視点を中心に

まず第一に注目すべきことは、欧米の保育の質研究の中で、保育の質をとらえる視点が、「発達」中心のものから「権利」中心の視点へと変化しているという点です。

一九八九年に制定されたイギリス児童法は、保育の質について、カリキュラムや保育者―子ども関係の質などをはじめとして、これまでになく保育の中身に踏み込んだ規制をしたものとして注目されています。そして、保育園やプレーグループなど地域のすべての施設で行われている保育の「質の改善のために毎年の監査と三年ごとの（質）評価を行う」よう指示し、質評価を法制化した点でも注目されています。

この法制定を受けて、現在イギリスでは評価の具体的計測の試みが繰り広げられると同時に、「人間関係の質を客観的に評価することは可能か」「誰が評価をすべきなのか」など、測定方法や評価の主体などをめぐって議論百出の状況です。

ところで、このイギリス児童法でもっとも注目すべき点は、「保育の質は、子どもの発達の視点からと同時に、親・子ども・関係者の期待や権利の視点からとらえなければならない」として、「人権」の視点を質の中心にすえている点です。実際にイギリスの保育園を対象にして行われた、保育の質の評価のための研究では、たとえば次のような「権利」の視点が掲げられています。

・文化的、身体的多様性に対する理解を深め、性・民族・障害などについての画一的な考えに挑戦する、人間平等のための方針をもっているか。

・職員と両親との間の親密な人間関係がつくられ、保育園の運営に親が参加しているか。

・子どもも大人も、安心と自分に対する誇りを持つことができる雰囲気があるか。

これらの項目は、本章で取り上げた、保育者と子どもの関係や親と園との関係において、一人ひとりが人間として尊重され、人間らしいあつかいを受けることの重要性という問題に通じるものです。しかし、それは「子どもの発達」のためだけでなく、保育にかかわるすべての人が有している「人間としての権利」のために必要なことだとしている点が重要です。

わが国においても、子どもの権利条約の精神を踏まえて、子どものみならず保育にかかわるすべての人の権利という視点からの保育の質研究が必要になってきていると思います。

3）保育の質の評価は、みんなでするもの

二番目に注目すべきことは、欧米では近年、保育の質を行政機関や経営者団体などが主体となって行う、いわば「上から」の評価方法に対する疑問が起こっている点です。そういうやり方ではなく、保育にかかわるすべての人、つまり子ども・親・保育者が「評価する人」となって、多様な視点からなされるべきだという意見が広がってきています。

その中の一人、アメリカのカッツという研究者は、「上からの評価」はどうしても、目に見える事柄や数値化しやすい項目に限って行う傾向があり、保育の質にもっとも大きな影響を与える、たとえば幼児にかかわる人びととの関係や感情などをとらえることはほとんど不可能であると批判しています。そして、そういう第三者による評価の代わりに、子ども・親・保育者など、保育にかかわる人がそれぞれの立場から評価する方法が有効だと主張しています。その中身の一部を、以下紹介してみます（L・G・カッツ「幼児期のプログラムの質について」水田聖一訳『現代アメリカ幼児教育論』、創森出版、一九九七年より）。

まず、子ども自身による評価が重要です。

何より、子どもが「保育の中でどのように感じているか」を聞き出すことが大事です。なぜなら、これまで述べてきたように保育の質の中心問題は人間関係の質、つまりまわりの大人や友だちから

の働きかけやかかわりの中身にあります。だとすると、子どもの「主観的な経験」が質をもっともよく表すものとなるはずだとして、カッツは次のような項目をあげています。

・グループの一員であって、たんなるその他大勢ではないといつも感じているだろうか。
・いつも友だちから受け入れられており、無視されたり拒否されたりはしていないだろうか。
・活動が熱中できるものでためになり、挑戦できるもので、ただのお楽しみやおもしろおかしいこと、興奮するだけのものではないだろうか。

次は親による評価です。

その際には、子どもが受けている保育についての親の評価と併せて、園のスタッフとの関係についての評価も保育の質評価には欠かせないとしています。

・教師は子どもを尊重し、暖かく接してくれているだろうか。
・教師は子どもを理解し、個別の要求をわかってくれているだろうか。
・私は、スタッフから敬意を表されており、見下されたり抑圧的扱いを受けたりしていないだろうか。
・スタッフは拒否的であったり人を責めたり偏見をもつのではなく、すべて受容的でオープンで包容力があり忍耐強いであろうか。

さらに、「上からの評価」の際には「評価される」立場におかれてしまいがちな保育者も、「評価する主体」になるべきだとカッツは述べています。それは、保育は「スタッフの人間関係がよくないところでは高得点をあげそうにない」からです。そして「同僚との関係」「親との関係」「職場の雰囲気」の三つの観点から評価して、それを職場の改善に活かすべきとしています。

とくに「職場の雰囲気」については、「保育者は報告する相手（＝経営責任者）から取り扱われるように子どもを扱う」と述べて、経営者・園長の保育者に対する態度がもっとも重要な要素だとして、次のような項目をたてています。

・私は（責任者から）敬意と理解をもって取り扱われているか。
・保育の理念……方針と責任分担について相談を受けているだろうか。
・昇進の機会があり、現職研修も推奨されているか。

4）保育の質に対する保育者の責任と専門性

このように、欧米の最近の研究においては、日々保育にかかわる人たちによる評価、しかもその実感に基づいた評価を重視する方向が打ち出されてきています。

保育は、「こんな子どもに育ってほしい」「大人も自己実現の機会をもち、安心して子育てのできる社会をつくりたい」など、そこに集う人びとの共通の願いを出発点にして成立しているものです。ですから、保育の質というものを、それにかかわる人たちの思いや願いと切り離して論じたり、評価してはならないのです。

そして、保育に直接かかわる人びとが評価の主人公という前提にたったうえで、研究者やその他の「第三者機関」が、保育の質の測定や評価に「協力」することはあってもいいのではないかと思います。

たとえば、カッツのいう「子どもによる評価」を、実際に子どもが判定することはむずかしく、どうしても大人の側から推察する部分が大きくなると思います。そのときに、子どもの行動をどういう視点・方法で観察したら、子どもの声なき思いや集中度を測ることができるか。そこでは研究者の参加は効果的というか、欠かせないものでしょう。

もう一つ、保育の評価を行う際に避けることのできない問題は、「否定的な」結果に対する保育者の責任という問題です。評価には否定的な意見はつきものです。ある意味では「みんなが主人公」式の評価では、より多くの否定的な評価が混じるでしょう。そういうときに、保育者の責任をどう考えたらいいのでしょうか。

カッツはきっぱりといっています。「すべての人を幸福にかつ完全に満足させる」ような、無限定な責任を保育者に押しつけてはならない。保育者が負っている責任というのは、不満に対して「専門家として適切な処置をとること」であると。

保育者の責任とは専門性に裏付けられた実践を行うことであるという指摘は、きわめて大事な視点だと思います。不満に応え、それを乗り越えて保育の質を向上させるもっとも大きな力は、保育者の専門性の中にあるのです。そして、保育者の専門性は、時代と社会の変化の中でたえず問い直し磨きをかけていくことが必要です。と同時に、保育にはますます多様な分野の専門家との共同協力が必要になってきています。質の中心問題は、保育の専門的体制を質・量の両面で強化する方向で制度改革を行うかどうかにあることを最後に強調したいと思います。

〈注〉

（1）（2）J.R. Berrueta-Clement, L.J. Schweinhart, W.S. Barnett, W.S. Espatein and D.P. Weikart, *Changed Lives : The Effect of the Perry Preschool Program on Youths through 19* (Monographs of the High/Scope Educational Research Foundation, No. 8) High Scope Press 1984. L. J. Shweinhart, & D. P. Weikart, The High/Scope Perry Preschool Study, similar studies and their implications for public policy in the United States (D. A. Sregelin(Ed.) *Early Childhood Education : Policy Issues for 1990s* Ablex 1992

（3）W.N.Grubb, *Young Children Face the States : Issues and Options for Early Childhood Programs* CPRE 1987

（4）D. Weikart, Curriculum Quality in Early Education (S. L. Kagan & E. F. Zigler (Ed.) *Early Schooling : The National Debate* Yale University Press 1987)

（5）K.A.Clerk-Stewart, *Evolving issues in early childhood education: A personal perspective*, Early

Childhood Quartely, 3, 1989

(6) K. Sylva, C. Roy, and M. Painter, *Childwaching at Playgroup and Nursery School*, Basil Blackwell, 1980

(7) C. Garland and S. White, *Children and Day Nurseries : Management and Practice in nine London Day Nurseries*. (Oxford preschool project 4) Grant McIntyre 1980

(8) S. Thyssen, Care for Children in Day Care Centers Child & Youth Care Forum 23(2), 1995

(9) J. Faragher & G. MacNaughton, *Working with Young Children: Guidelines for good practice* TAFE Publications 1990

(10) C. Athey, *Extending Thought in Young Children: A Parent-Teacher Partnership* Paul Chapman Publishing Ltd. 1990

(11) R. Roupp, J. Travers, F. Glantz & C. Coelen, *Final Report of the National Day Care Study : Children at the center* Abt Associates 1979

＊なお第４章に関して詳しくは、大宮勇雄「保育カリキュラムの『構造化』と子どもの生活経験・・欧米における「保育の質」研究の到達点（１）」（福島大学教育学部論集（教育・心理）第60号）、および同「『保育の質』への人間関係的アプローチ・・欧米における『保育の質』研究の到達点（２）」（同論集第63号）を参照ください。

あとがき

小著の執筆中に、公立保育所の廃止・民営化をめぐって係争中の二つの裁判で判決が下された。一つは、大東市立上三箇保育所廃止民営化をめぐって大阪高裁は、「（保育の）引継ぎにおける配慮の不十分さ」を指摘し、保護者に損害賠償の支払いを命じる判決を下した。もう一つは、四ヵ所の公立保育所の廃止・民営化をめぐる裁判で、横浜地裁は、公立保育所の廃止そのものを違法と断定し、損害賠償として一世帯あたり一〇万円の支払いを命じた。原告である保護者側の完勝と言ってよい判決だと評されている。

たとえば後者の判決では、保護者が保育所を選択し、入所後継続的に保育の実施を受けることは法的に認められた利益であり、それを保護者の同意もなく廃止することは認められないとしている。その一節にこうある。「保育所としての性質からして利用者の日々の生活と密接に結びついており、長期間にわたり、継続的な利用関係が想定されていること、その廃止が利用者に与える影響は、児童および保護者のいずれに対しても深刻なものがある」と。子どもの視点から保育の安定性という質的要素の重要性を指摘した。画期的な判決である。

このようにして私たちの社会の保育に対する見方が、さらにまた豊かなものとして広がった。保育政策や制度と対峙し運動する中で、また、子どもとつくる日々の保育実践の中で私たちの保育観が明確なものになり、社会全体の保育観が豊かになる。私たちの社会の保育観の発展という点でも、多くの人の実践や運動は、疑いなく計り知れない大きな力になっている。この小著も、そういう社会的な努力や運動に学び、刺激を受けて生まれた。そのことを明記して、お世話になった多くの方々への謝意としたい。

出版に際しては全国保育団体連絡会の実方さん、逆井さんにたいへんお世話になった。ひとなる書房の名古屋さん、松井さんからの実に大きな励ましのおかげで小著は産声を上げることができた。心より御礼申し上げたい。

著者

＊各章初出タイトル・掲載誌等は以下のとおり。いずれも一部加除訂正をくわえてある。

第１章　書き下ろし

第２章「保育の質とコストと専門性（その１）（その２）」（『保育情報』No.321―322、二〇〇三年八・九月号、全国保育団体連絡会）

第３章　１節「保育サービスの質を評価する基準はどのように作られたか～東京都保育サービス評価システムの保育観を問う」『経営懇』第３号、全国民間保育園経営研究懇話会、二〇〇四年

２～４節「保育の質とコストと専門性（その３）」（『保育情報』No.324、二〇〇三年一一月号、全国保育団体連絡会）

第４章「講座　明日の保育を考える　保育の質とは何か」（『ちいさいなかま』一九九八年四～一一月号、全国保育団体連絡会）

大宮　勇雄（おおみや　いさお）
1953年生（福島県）
東京大学教育学研究科修了
現在、仙台大学教授、福島大学名誉教授
主な著書：『保育・幼児教育体系』（共編著、旬報社）
『保育の質の探究』（共著、ミネルヴァ書房）
『現代の子ども・教育・教師を読む』（共著、創風社）
『学びの物語の保育実践』（ひとなる書房）
『子どもの心が見えてきた』（共著、ひとなる書房）
『保育の場で子どもの学びをアセスメントする』（共訳、ひとなる書房）
『学び手はいかにアイデンティティを構築していくか』（共著、ひとなる書房）
他に「保育カリキュラムの『構造化』と子どもの生活経験：欧米における保育の質研究の到達点(1)」（福島大学教育学部論集第60号）、「『保育の質』への人間関係的アプローチ：同(2)」（同前、第63号）等。

装幀／山 田 道 弘

保育の質を高める

21世紀の保育観・保育条件・専門性

2006年８月15日　初版発行
2020年８月10日　６刷発行

著　者　大宮　勇雄
発行者　名古屋研一

発行所　㈱ひとなる書房
東京都文京区本郷2－17－13
電　話　03（3811）1372
ＦＡＸ　03（3811）1383
http://www.mdn.ne.jp/~hitonaru/

©2006
印刷／モリモト印刷株式会社
＊落丁本、乱丁本はお取り替えいたします。